우리,
독립
출판

2

우리, 독립출판 2

ⓒ 북노마드 2019

초판 1쇄 인쇄 2019년 4월 15일
초판 1쇄 발행 2019년 4월 22일

엮은이 북노마드 편집부
　　　　북노마드 '출판 수업' (송세영 신민주 안민희 오하림 이헌희)

펴낸이 윤동희

편집 김민채, 황유정
디자인 위앤드
제작처 교보피앤비

ISBN 979-11-86561-59-1 03010

펴낸곳 (주)북노마드
출판등록 2011년 12월 28일 제406-2011-000152호

주소 08012 서울특별시 양천구 목동서로 280 1층 102호
전화 02-322-2905
팩스 02-326-2905
전자우편 booknomad@naver.com
페이스북 /booknomad
인스타그램 @booknomadbooks

- 이 도서의 국립중앙도서관 출판예정도서목록(CIP)은 서지정보유통지원시스템
  홈페이지(http://seoji.nl.go.kr)와 국가자료공동목록시스템(http://www.nl.go.kr/kolisnet)에서
  이용하실 수 있습니다. (CIP 제어번호: CIP2019012370)

www.booknomad.co.kr

우리,
독립
출판

2

북노마드
편집부
엮음

북노마드

prologue

내 가장 큰 바람은

책을 한 권 갖는 것이었다.

절대 끝이 나지 않는 이야기가 담긴 긴 책.

읽고 또 읽어도 매번 새로운 시각으로

모르던 것을 얻을 수 있는 책.

얀 마텔,
『파이 이야기』중에서

일러두기

『우리, 독립출판 2』는 '북노마드 윤동희 대표와 함께하는 출판 수업'에 참여한 송세영 신민주 안민희 오하림 이헌희 등 5인이 북노마드 편집부가 되어 기획-작가 연구-인터뷰 진행-편집-사진 촬영 등에 참여한 책입니다.

출판 수업 후 이 책을 만드는 동안 송세영 씨는 출판사 마케터로 일하게 되었고, 신민주 씨는 독립출판물 『94년산 박민주』의 저자가 되었고, 안민희 씨는 『레몬』(가지이 모토지로 지음, 북노마드)과 『호랑이 사냥』(나카지마 아쓰시 지음, 북노마드)을 번역했고, 오하림 씨는 매거진 에디터가 되었으며, 이헌희 씨는 망원동 독립 서점 '스너글 북스'를 열었습니다.

차례

내가 좋아야 해요,
내가 재미있어야 해요

김규림 작가　　　『도쿄규림일기』
　　　　　　　　　　　『로그아웃 좀 하겠습니다』
　　　　　　　　　　　『뉴욕규림일기』

인터뷰 송세영

사람은 각자 한권의
책이라고 합니다.
당신은 어떤 책인가요?

2018.12
규림

1

『우리, 독립 출판』이 나온 지 2년이 되었습니다. 그간 출판과
매체를 둘러싼 환경도 급변했습니다. 1인 미디어는 이제
'크리에이터'라고 불리며 기존 미디어 환경에서 새로운 입지를
굳혀가고 있습니다. '독립'과 '1인'은 작지만 단단한
'콘텐츠 크리에이터'로 주목받고 있지요. 독립 출판 역시
이러한 흐름 속에 있습니다. 자신의 첫 콘텐츠를 독립
출판으로 낸 계기가 궁금합니다.

　　　솔직히 말하자면 '얼떨결에' 만들었어요.
계기치고는 싱겁고 멋없지만 이보다 적절한 표현도
없을 것 같습니다. 딱히 책을 내려던 계획은 없었는데,
우연한 계기로 가지고 있던 일기장을 책으로 만들었거든요.
그래서인지 책을 출판한 지 1년이 되어가는 지금도
작가라고 불릴 때면 굉장히 어색해요.

　　　2017년에 출판 생태계가 궁금해서 동료들과 함께
가볍게 공부하려고 출판 수업을 신청했어요. 알고 보니
한 달 안에 자신의 독립 출판물을 만드는 수업이었어요.
1주 차 숙제가 책 본문 만들기, 2주 차 숙제가 가제본
책 만들기 그런 식으로 스파르타 코스였죠. 주어진 기간에
새로운 콘텐츠를 만들 자신이 없어서 집에 있는 걸
활용하자고 생각했어요. 마침 보름 동안 도쿄 여행을
다녀와서 쓰고 그린 두 권의 일기장이 있어서 최대한
똑같이 복각본으로 만들기로 했어요. 그렇게 첫 독립
출판물 『도쿄규림일기』가 세상에 나왔습니다.

2

독립 출판물을 펴낸 이후 삶에 어떤 변화가 생겼나요?

드라마틱한 변화가 있지는 않았고요. 제 생각에 꼬리를 물고 다른 사람의 생각이 생겨나는 걸 구경하는 게 재미있었어요. 평소에도 글이나 그림을 SNS에 올리고 댓글을 보고 있지만 그것과는 또 다른 느낌이라고 할까요. 책 한 권을 통째로 공개하니 돌아오는 피드백의 길이도 상당하더라고요. 짧은 댓글 정도였던 감상을 넘어 긴 서평을 남겨주신 분들도 여럿 계셨고요. 그걸 보면서 거꾸로 제가 영감을 많이 받았어요. 제 의도와는 달랐지만 새롭게 해석한 것을 보고 신기했고요.

무엇이든지 처음이 어렵지 다음은 쉽잖아요. 특히 출판할 수 있을 거라고 생각하지 못했던 기록이 책이 되는 과정을 겪고 나니 이제는 '어떤 것도 책이 될 수 있겠구나'라는 생각이 들어요. 오랫동안 앉아서 쓴 글이 아니더라도, 책으로 만들려고 마음먹지 않아도, 어떤 것도 책이 될 수 있다는 믿음이 생긴 거죠. 그래서 두 번째 책 『로그아웃 좀 하겠습니다』는 좀 더 과감하게 2박 3일 동안 쓴 내용으로 만들었어요. 물론 짧은 작업 기간보다는 어떤 주제나 표현 방식이든 책의 소재로 활용할 수 있다는 게 포인트지만요.

3

**독립 출판은 작가가 곧 제작자이기도 합니다. 작가님의
작업 일과는 어떻게 되나요? 콘텐츠 생산과 제작을 동시에
진행하려면 그야말로 멀티플레이어가 되어야 하는데요.
작가님만의 독립 출판 노하우가 있다면요? 특별히 도움이 된
파트너나 장소가 있나요?**

저는 본업이 아닌 취미 활동으로 작업하기 때문에
따로 작업 일과가 정해져 있지는 않아요. 시간이 날 때마다
짬짬이 노트에 쓰고 그리고 있어요. 사실 소재는 어디에나
있어요. 그걸 언제든지 포착할 수 있느냐, 그럴 준비가 되어
있느냐의 문제 같아요. 영감이 될 만한 소재를 발견하면
금세 놓칠까 봐 기록해두죠.

책 제작은 회사에서 제품을 만드는 일을 했던
경험이 도움이 되었어요. 저는 디자이너는 아니지만 동료
디자이너들이 제품 소재나 재질을 고를 때 구경하며
어깨너머로 배웠거든요. 사소해 보이는 것도 고심해서
고르고, 그게 아름다운 결과물로 나오는 것을 봐와서
출판물을 만들 때도 신경 써서 작업했어요. 종이나 제본
방식에 대한 공부도 많이 했고요. 제품을 만드는 것과는
또 다른 지식이 필요한 일이지만, 뭐든지 워낙 만들기를
좋아해서 과정 자체가 재미있었어요. 오랫동안 함께해온
제작업체 관계자께서 이것저것 알려주셔서 도움도 많이
받았고요.

4

**독립 출판은 독립 서점과 떼려야 뗄 수 없는 관계입니다.
독립 서점에 책을 입고하는 일과 SNS 홍보 등은 어떻게
하고 있나요? 처음 자신의 책을 알릴 때 겪었던 시행착오나
에피소드가 있다면 소개해주세요. 미래의 독립 출판
작가들에게 추천하고 싶은 독립 서점에는 어떤 곳들이
있을까요?**

실은 출판으로 돈을 벌겠다는 생각은 전혀
없었고, 누군가가 내 책을 본다는 것만으로도 의미 있다고
생각했어요. 딱 손해만 안 보면 된다는 생각이었죠.
그런데 막상 제작 단계에서 원하는 재질과 스펙을 하나둘
더하다보니 초기 제작비가 꽤 들더라고요. 제작 수량을
늘려서 단가를 낮추려고 사전 예약을 받았어요. 요즘은
크라우드 펀딩에서 펀딩을 진행하는 창작자도 많은데,
저도 그럴까 하다가 그냥 개인 블로그에서 예약 판매를
진행했습니다. 다행히도 예상보다 훨씬 많은 분들이
구매해주셨고, 원래 흑백으로 인쇄하려던 걸 컬러로 인쇄할
수 있을 정도로 단가가 낮아져서 컬러로 인쇄했어요.
예약자들에게는 감사의 의미로 자필로 카드를 쓰겠다고
약속했는데, 무려 400명이 넘는 분이었어요. 카드를 쓰느라
손가락이 부러질 뻔했지만 진짜 기쁜 마음으로 썼습니다.
재미있고 감사한 경험이었어요.

독립 서점 스토리지북앤필름에서 진행한 책 만들기
수업을 들어서인지 덕분에 입고를 수월하게 했어요.
그 이후로 감사하게도 찾는 분들이 늘어서 여러 책방에서
입고 문의가 왔는데, 모두 입고할 만한 노동력의 여유가

없어서 거절하느라 아쉽고 죄송하더라고요. 제 손이 닿는
범위까지만 일을 벌여놓고 관리하고 싶어서 제가 가본
대여섯 곳에만 책을 입고했어요. 요새는 동네마다 훌륭한
독립 서점이 많아서 추천하기가 애매해요. 본인의 취향에
맞는 서점에 입고 요청을 드려도 좋을 것 같아요.
잘 성사되어서 좋아하는 서점에 자기 책이 있으면
그것보다 기쁜 일도 없잖아요.

5

모두가 디자이너인 시대입니다. 독립 출판 역시 제목과 표지 디자인, 타이포그래피 등 디자인에 공을 많이 들이고 있습니다. 실제로 이러한 것들이 판매 부수에 큰 영향을 주기도 하지요. 책을 만들 때 가장 신경 쓰는 점은 무엇인가요? 독립 출판물 중 눈여겨본 책이나 작가가 있다면요?

책의 형태에 관심이 많아요. 책은 콘텐츠뿐만 아니라 책의 얼굴인 표지나 종이 두께, 재질이 모두 어우러져 만들어지는 하나의 제품이라고 생각해요. 그래서 제 책을 만들 때도 만듦새에 가장 초점을 두고요.『도쿄규림일기』는 갖고 있던 일기장의 복각판 느낌을 내고 싶어서 표지나 내지 재질, 제본 방식에서 노트처럼 느껴지도록 신경을 썼어요. 내지와 표지 소재를 하나하나 고심하며 샘플도 많이 만들어보았죠. 당시에는 잠도 제대로 못 자며 며칠을 고민했는데, 고민한 만큼 원하는 형태로 나와서 무척 뿌듯하더라고요.

독립 출판의 가장 큰 매력은 다양한 형태의 책들을 볼 수 있다는 점이에요. 대형 서점 매대에 올려두기 쉬운 몇 가지 판형 공식이 있는데, 독립 출판물은 그걸 지킬 필요가 없잖아요. 얼마 전 뉴욕의 독립 서점에서 생김새가 다른 수천 권의 독립 출판물을 보면서 눈이 참 즐거웠어요. 사람의 생김새가 모두 다른 것처럼 창작자들을 닮은 다양한 출판물을 보면 기분이 좋아져요. 최근에는 설동주 작가님의 작업물을 재미있게 보고 있어요. 만듦새와 판형, 페이지 구성이 이전에 본 적 없는 방식이어서 볼 때마다 자극을 받고 있습니다.

**평소에 '누가 볼 것을 전제로 하고 일기를 쓰시나요?'라는
질문을 많이 받고, 그에 대한 대답으로 '아무도 신경 쓰지
않는다. 일기를 쓸 때 고려하는 독자는 오로지 나다'라고
블로그에 포스팅했어요. '사람들이 원하는 것'을
신경 쓰지 않고 '자신이 원하는 것'에만 몰두했지만,
결과적으로 많은 사람들에게 사랑을 받게 된 이유는
무엇이라고 생각하나요?**

일기장을 공개하기 전에는 '개인의 일기장을 누가
궁금해할까' '재미있어 할까'라는 의문이 들었어요. 그렇게
고민하다가 '가장 개인적인 것이 가장 보편적인 것이다'라는
말을 듣고 용기를 얻었습니다. 서점에만 가도 수천수만 권의
책이 있고, 각각의 책 한 권마다 사람들의 이야기가 고스란히
담겨 있잖아요. 누군가는 자신만의 이야기를 세상에
꺼내놓고, 관심 있는 사람이 하나둘 보기 시작하면 결국
개인의 이야기가 좀 더 보편적인 무언가가 될 수 있다는 거죠.

『도쿄규림일기』도 아주 사사로운 개인 이야기예요.
나중에 누가 볼 거라는 생각을 하지 않고, 그저 쓰는 게
재미있어서 혼자 신나서 썼어요. 그런데 하는 사람이
신나는 일은 보는 사람에게도 느껴지잖아요. 당시에 제가
신나게 썼던 에너지가 누군가에게 조금이나마 전달되어
재미있다고 느끼신 것 같아요. 앞으로도 내가 좋아서
하고 싶은 일을 하려고요. 결국 제가 재미있으려고 하는
일이니까요.

처음은 어렵지만 다음은 쉽잖아요.
'어떤 것도 책이 될 수 있겠구나'라고 생각해요.
독립 출판의 매력은 다양한 형태의 책들을 볼 수
있다는 거죠. 뉴욕의 독립 서점에서 생김새가 다른
수천 권의 독립 출판물을 보면서 눈이 참 즐거웠어요.
사람의 생김새가 다른 것처럼 창작자들을 닮은
다양한 출판물을 보면 기분이 좋아져요.
일기장을 공개하기 전에는 '누가 궁금해할까'라는
의문이 들었어요. 고민하다가 '가장 개인적인
것이 가장 보편적인 것이다'는 말을 듣고 용기를
얻었습니다. 『도쿄규림일기』는 아주 사사로운 개인
이야기예요. 그저 재미있어서 혼자 신나서 썼어요.
그런데 하는 사람이 신나는 일은 보는 사람에게도
느껴지잖아요. 당시에 신나게 썼던 에너지가
누군가에게 전달되어 재미있다고 느끼신 것 같아요.
앞으로도 내가 좋아서 하고 싶은 일을 하려고요.
결국 제가 재미있으려고 하는 일이니까요.

'무엇을 보고 있는가?'를 애써 설명하지 않으면서도
재현하는 대상에 대한 작가님의 시선이 생생하게 느껴집니다.
가볍지만 경박하지 않은 '기록의 방법'에서 작가님만의
자기다움이 느껴지는데요. 일상의 순간을 정제하지 않은 채로
쓰고 그리는 '날것'의 매력이 동시대를 사는 사람들에게
공감을 불러일으킵니다. 작가님처럼 자신의 책을 내고자 하는
작가 지망생 또는 일상을 특별하게 기록하고자 하는 독자에게
도움이 되는 조언을 부탁드릴게요.

　　　　저는 당시의 감정이나 상황을 최대한 생생하게
기억하고 싶어서 실시간으로 그림일기를 쓰고 그리기
시작했는데요. 그렇게 기록하니 세상 모든 것이 소재가
되더라고요. 지나가는 사람의 복장이나 말투, 날씨,
길거리의 사물, 아주 사소한 에피소드 등 어떤 것이라도
말이죠. 평소에 그저 스쳐 지나갔을 존재들이 보이면서
삶도 조금 더 풍성해졌고요.

　　　　사진, 비디오, 눈으로 담고 기억하기 등 글쓰기와
그림 그리기 외에도 세상에는 수많은 기록 방식이 있어요.
그래서 그림일기가 누구에게나 맞는 기록 방식이라고는
할 수 없어요. 저 또한 매번 달라지고 있고요. 어떤 때는
사진으로 기록하는 게 좋고, 어떤 때는 일기를 쓰는 게
좋아요. 다만 그림일기로 기록하기 시작한 후 삶에 생긴
변화가 긍정적이었다고 느껴서 누군가 할까 말까 고민하고
있다면 일단 해보라고 이야기해요. 실제로 독자들이 제
책을 읽고 자신만의 기록을 시작했다고 소식을 보내오세요.
제 책이 '저 정도면 나도 하겠다'는 이상한 자신감을

심어준다나요. (하하) 저는 상당히 의미 있다고 봐요.
뿌듯하고요. 각자 재미있는 기록 방식이 모두 다르니까
자신에게 맞는 기록 방식을 꾸준히 실험하면서 찾았으면
합니다.

『도쿄규림일기』는 책으로 출간되기 전부터 이미 SNS를 통해서
사람들에게 알려졌는데요. 아무래도 마케터이기 때문에
본인의 책을 홍보할 때도 체계적으로 접근할 것 같아요.
SNS를 활용해서 책을 홍보하는 과정이나 사람들과 소통하는
방법에서 자신만의 원칙이나 노하우가 있나요?

　　　　　체계적인 건 전혀 없어요. 그냥 하고 싶은 대로
생각나는 대로 하는 편이에요. 다만 일할 때나 개인적으로
정보를 올릴 때 꼭 지키는 지점이 있어요. 하나는 이해하기
쉬워야 한다는 것, 그리고 충분한 정보를 줘야 한다는
것. 우리가 인터넷 쇼핑을 할 때를 상상해보세요. 상품
정보가 어렵게 설명되어 있거나 충분한 정보가 없다면 누가
사겠어요? 제품도 그런데 하물며 책은 더하겠죠. 어떤
내용인지, 어떻게 생겼는지도 모르고 인터넷으로 책을
산다는 건 쉬운 일이 아니에요.

　　　　　그래서 예약 판매를 할 때 제작 과정부터 샘플
페이지, 재질을 사진과 영상으로 올려서 최대한 충분한
정보를 주려고 노력했어요. 누가 물어본 것도 아닌데 책을 왜
만들었는지, 책을 만들 때 에피소드 등 여러 가지 이야기를
구구절절 자세히 알려주고, 이미 구입한 분들이 더 재미있게
읽을 수 있는 장치로 '알고 보면 더 재미있을 아홉 가지
비밀'도 포스팅했어요. 실제로 더 보고 싶도록 인쇄 과정도
영상으로 찍어서 올렸고요. 결국 모든 것에는 스토리가
있어야 해요. 책을 만드는 과정부터 책 속의 콘텐츠까지
계속해서 스토리로 만들어 전달하면 보는 사람도 책을
받았을 때 좀 더 반갑고 재미있게 읽지 않을까요?

◆

두 번째 책 『로그아웃 좀 하겠습니다』에서 '자기만의 시간이
필요한 사람도 있고, 다른 사람과의 관계에서 안정을 찾는
사람도 있으나, 나는 전자다'라고 이야기했어요.
현재 하고 있는 마케팅 업무는 사람과의 커뮤니케이션이
요구되지만, 책을 쓰는 건 혼자만의 시간이 필요한
작업입니다. 그림을 그리고 글을 쓰는 '작가의 일'이 '마케터
김규림'에게 어떤 영향을 주나요? 반대로 '마케터의 일'은
'작가 김규림'에게 어떤 영향을 주고 있나요?

　　　　　　개인 작업을 할 때는 절대적으로 혼자만의 시간이
필요해요. 원래 말수가 많지 않아서 제 본성에는 이게
잘 맞아요. 묵묵히 개인 작업을 할 때 혼자 영감을 얻기도
하지만, 일을 하면서 인사이트를 얻는 경우도 많아요.
특히 멋진 취향을 가진 동료들과 세상의 많은 것들을
관찰하고 인사이트를 공유하면서 혼자일 때와는 또 다른
종류의 영감을 얻곤 하죠. 개인 작업이 제 내면 세계와의
대화라면, 일은 저와 외부 세계를 연결하는 역할을 해요.
자칫 나만의 세계에 빠져 있을 나를 잡아주고 현실로
꺼내오는 거죠. 저의 첫 책도 동료들이 없었다면 세상에
나오지 못했을 거예요.

　　　　　　본업과 취미 생활이 서로 영향을 많이 받는다고
생각해요. 여기서 해본 게 좋았으면 저기서 적용해보고,
저기서 해봤으면 여기에 적용해보는 식이거든요.
전체적으로 함께 성장할 수 있다는 점에서 일과
개인 작업을 함께하는 건 시너지를 낸다고 봅니다.

내가 좋아야 해요,
내가 재미있어야 해요

김규림 작가

◑

앞으로 독립 출판과 기성 출판 사이를 자유롭게 넘나드는
창작자가 되고 싶다고 했습니다. 백세희 작가의
『죽고 싶지만 떡볶이는 먹고 싶어』는 독립 서점 유통으로
시작했지만 기성 출판 시스템을 통해서 베스트셀러가
되었습니다. 그래서인지 일부 독립 서점 운영자들이 해당 책을
더 이상 독립 출판물로 보지 않기도 합니다. 작가님은 독립
출판물과 독립 출판 작가를 어떻게 정의하나요? 작가님은
스스로를 어떻게 정의하고 싶나요?

　　　누군가 출판물을 만들 때 '나는 반드시 독립
출판만 할 거야' 혹은 '나는 무조건 기성 출판만 할
거야'라고 정해놓는 사람은 많지 않을 거예요. 그래서 그
영역을 나누는 게 의미 있을까 싶기도 해요. 닿는 사람과
접점이 조금씩 다를 뿐, 결국 내용물은 비슷할 거잖아요.
좋은 콘텐츠가 많은 이들의 사랑을 받는 건 출판계뿐만
아니라 모든 분야에서 적용되는 당연한 흐름이에요.
인디 신scene에서 인기를 끌었던 음악이 대중적으로 인기를
얻는 경우도 많은 것처럼요.

　　　그래서 저도 독립 출판과 기성 출판을 서로
닫아두지 않고 자유롭게 넘나드는 창작자가 되고
싶어요. 독립 출판의 성향을 가진 기성 출판, 기성 출판의
성향을 가진 독립 출판을 만드는 것도 충분히 가능하다고
봐요. 세 번째 책『뉴욕규림일기』는 기성 출판사와 함께
만들었는데요. 이걸 통해 실험해보고 싶은 것도 그런
지점이었어요. 흔한 판형에서 약간의 변화를 주었고,
대량으로 책을 만들 때는 보통 잘 사용하지 않는 아주

수고로운 재단 방식을 선택했어요. 어렵다 뿐이지
안 되는 건 아니거든요. 예술 서적처럼 재질이 특별한 것만
독립 출판으로 취급되는 건 아니잖아요. 이 책은 대형
서점에서도 유통되고 있고, 동시에 작은 독립 서점에도
입고됐어요. 한계를 두지 않고 여러 가지 실험을 많이 하는
작업자가 되고 싶습니다.

작가님이 자주 찾는 장소는 어디인가요?

집에서 주로 작업하지만 기분 전환이 필요할 때는
자전거를 타고 매뉴팩트 도산공원점에 자주 가요.
제가 좋아하는 초록(도산공원), 책(3층 서점 Parrk),
맛있는 커피(매뉴팩트)의 삼박자가 모두 갖춰진 곳이거든요.
테이블이 넓어서 작업하기도 좋아요.

책을 홍보하거나 사람들과 소통하는 방법에
체계적인 건 없어요. 그냥 하고 싶은 대로,
생각나는 대로 합니다. 다만 일할 때나 개인적으로
정보를 올릴 때 지키는 지점이 있어요. 이해하기
쉬워야 한다는 것, 충분한 정보를 줘야 한다는 것.
예약 판매를 할 때 제작 과정부터 샘플 페이지,
재질을 사진과 영상으로 올려서 충분한 정보를
주었어요. 책을 왜 만들었는지, 책을 만들 때
에피소드 등을 자세히 알려주었어요. 실제로
더 보고 싶도록 인쇄 과정도 영상으로 올렸고요.
모든 것에는 스토리가 있어야 해요.
책을 만드는 과정부터 콘텐츠까지 계속해서
스토리로 만들어 전달하면 보는 사람도
책을 받았을 때 반갑고 재미있지 않을까요?

김규림 작가가 뽑은 2018 독립 출판물

『Smallthings in NYC』
설동주

어떤 것도 책이 될 수 있다는 관점으로 다양한 소재를 활용해서
작업하고 싶어요. 설동주 작가님의 작업물을 보면
그림과 콜라주, 사진을 넘나드는 자유로운 작업 방식이 놀랍고
재미있어요. 특히 후면 QR코드로 관련된 필름 사진을
볼 수 있게 부록 장치를 해놓은 것도 좋았습니다.

가벼운 숨으로
길게 이어가겠습니다

김진아 작가　　　『컬쳐 레시피』
　　　　　　　　『요가 시리즈』

인터뷰 이헌희

"YOU CANNOT
TRAVEL THE PATH
UNTIL YOU HAVE BECOME
THE PATH ITSELF"
같이해요!

- JinA Kim -

1

『우리, 독립 출판』이 나온 지 2년이 되었습니다. 그간 출판과
매체를 둘러싼 환경도 급변했습니다. 1인 미디어는 이제
'크리에이터'라고 불리며 기존 미디어 환경에서 새로운 입지를
굳혀가고 있습니다. '독립'과 '1인'은 작지만 단단한
'콘텐츠 크리에이터'로 주목받고 있지요. 독립 출판 역시
이러한 흐름 속에 있습니다. 자신의 첫 콘텐츠를 독립
출판으로 낸 계기가 궁금합니다.

솔직히 말하자면, 책은 저와 먼 매체였어요.
어릴 적부터 책보다 비디오를 선택했고, 중학교 시절에는
"1학년은 공부 안 해도 돼"라는 선배의 한마디에 공부를
놓았죠. 세상에…… 그 말 하나만 믿고 공부를 안 했더니
습관이 되어서 오랫동안 글자를 멀리했었어요. 책 말고도
재미있는 일들이 많아서 유쾌한 유년기를 보냈죠. 그런데
20대 초반에 책이 지성 있는 인간을 만들어주는 좋은
매체라는 추상적인 생각이 들어서 중고 서점을 찾아 가장
마음이 가는 책을 골랐어요. 아는 게 없어서 많이 들어본
『젊은 베르테르의 슬픔』을 선택했어요. 100년 전에
만들어진 것처럼 누런 종이에 '습니다'가 아닌 '읍니다'로
끝나는 책이어서 더 마음에 들었어요. 책을 읽는 내 모습을
스스로 기특해하며 책을 펼쳤는데 너무 재밌어서 단숨에
읽어버렸어요. 스스로 선택해서 책을 재미있게 읽을 수
있다는 경험을 그때 처음 했어요.

그 후, 친구가 책을 만드는 데 디자인을 도와달라고 했어요.
독립 출판이 뭔지도 모르고 '책을 만든다니, 재밌겠는데?'
하고 작업을 시작했습니다. 그렇게 2015년 독립 잡지
《장기 여행자》를 제작하고, 그 뒤로 독립 출판 분야에서
활동하고 있습니다. 참 단순한 계기로 시작했는데,
한 권 두 권 책을 만들며 내가 좋아하는 일이라고 확신하게
되었습니다.

2

책을 내기 전과 후의 나는 어떻게 달라졌는지 궁금합니다.
독립 출판물을 펴낸 이후 삶에 어떤 변화가 생겼나요?

　　　　　책을 만들고 나서 정체성이 단단해졌어요.
독립 출판을 시작하고 나만의 콘텐츠를 만들며 저에
대한 확신이 생겼어요. 그전까지는 제가 무엇을 표현하고
싶은지 몰랐어요. 모르고 있다는 사실조차 모르고 있었죠.
대학을 졸업하고 전체적으로 답답하던 시기에 독립
출판을 접했어요. 독립 출판은 꾸며지지 않은 날것의
마음을 접하는 매체여서 불안한 마음에 공감했고 위안을
얻었어요. 거기에 용기를 얻어 저의 개인 작업을 하나씩
완료할 때마다 자연스럽게 그간의 생각을 정리하는
기분이 들었어요. 불안한 마음을 덜어내 한결 가벼워지는
기분을 느꼈습니다. 무언가를 완성하는 경험이 차곡차곡
쌓여 일하는 분야에 자신감도 생겼고요. 그렇게 정체성을
다듬어나가면서 내가 원하는 활동을 실현하는 법을 찾고,
대안적인 삶을 사는 게 가능하다는 사실을 알았습니다.

3

독립 출판은 작가가 곧 제작자이기도 합니다. 작가님의
작업 일과는 어떻게 되나요? 콘텐츠 생산과 제작을 동시에
진행하려면 그야말로 멀티플레이어가 되어야 하는데요.
작가님만의 독립 출판 노하우가 있다면요? 특별히 도움이 된
파트너나 장소가 있나요?

콘텐츠와 제작을 동시에 진행하는 멀티플레이어가
되어야 한다는 말에 공감해요. 각자의 성향에 따라 그것을
받아들이는 방법은 다르겠지만요. 저는 상처가 나를
강하게 한다고 생각하며 조금은 고통을 즐기는 사디스트
기질이 있어서 여러 가지 일을 동시에 해낼 때마다
통쾌함을 느꼈어요. 경험주의자 성향도 있어서 '해봐야
안다'는 마음으로 모두 체험하려고 스스로를 몰아붙이기도
했습니다. 추진력 면에서는 장점이지만 버거운 일정으로
결국 번아웃을 겪었습니다. 저의 장점이자 단점인 셈이죠.
이런 다소 극단적인 모습을 옆에서 지켜본 친구가
《장기 여행자》를 만들자고 제안한 거예요. 그 친구를 안 지
얼마 되지 않아서 어떤 사람인지 모르고 활동했어요.
비슷한 지향점을 가지고 있지만 성격이 달랐죠. 내적으로
단단하고 안정된 성격을 지닌 친구예요. 서로 다르기에
보완하고 배우며 친구로 파트너로 4년간 '사만키로미터'를
같이할 수 있었어요. 친구 덕분에 여러 면에서
부드러워졌어요. 같은 일을 겪은 동료가 있다는 것은
큰 행운이라고 생각해요.

책을 만들고 나서 정체성이 단단해졌어요.
독립 출판을 시작하고 나만의 콘텐츠를 만들며
저에 대한 확신이 생겼어요. 그 전까지는 제가
무엇을 표현하고 싶은지 몰랐어요. 대학을 졸업하고
전체적으로 답답하던 시기에 독립 출판을 접했어요.
독립 출판은 꾸며지지 않은 날것의 마음을 접하는
매체여서 불안한 마음에 공감했고 위안을 얻었어요.
거기에 용기를 얻어 개인 작업을 완료할 때마다
그간의 생각을 정리하는 기분이 들었어요.
불안한 마음을 덜어내 한결 가벼워지는 기분을
느꼈습니다. 완성의 경험이 차곡차곡 쌓여 일하는
분야에 자신감도 생겼고요. 그렇게 정체성을
다듬으면서 내가 원하는 활동을 실현하는 법을 찾고,
대안적인 삶을 사는 게 가능하다는 사실을
알았습니다.

4

독립 출판은 독립 서점과 떼려야 뗄 수 없는 관계입니다.
독립 서점에 책을 입고하는 일과 SNS 홍보 등은 어떻게
하고 있나요? 처음 자신의 책을 알릴 때 겪었던 시행착오나
에피소드가 있다면 소개해주세요. 미래의 독립 출판
작가들에게 추천하고 싶은 독립 서점에는 어떤 곳들이
있을까요?

　　　　홍보는 소박하게 하고 있어요. 사만키로미터에서
자체적으로 기획·진행한 책은 대부분 소셜 펀딩으로
후원을 받아 홍보합니다. 인스타그램에 진행 과정을
올리고요. 지난 활동에 관심을 가진 분들이 계속
지켜봐주는 것을 보면서 '지속'의 중요성을 느꼈습니다.

　　　　관심 있는 서점에 책 소개 메일을 보내거나
감사하게도 먼저 연락을 주는 독립 서점에 책을 입고하고
있습니다. 처음에는 홍보나 마케팅을 전문적으로 알지
못해서 어려운 부분이 많았어요. 경험이 쌓이면서 홍보
혹은 마케팅이라는 단어가 이전보다 편하게 느껴집니다.
하지만 홍보를 크게 확장할 생각은 없어요. 팀의 정체성을
정의하는 과정에서 저희는 소박하게 활동을 유지하고
싶다는 생각이 강했거든요. 앞으로도 가벼운 숨으로 길게
활동을 이어가려 합니다.

　　　　요즘엔 개성 있는 서점들이 많아져서 추천 서점을
꼽기가 어려워요(들어가면 분명 시선을 사로잡는 책이
있으니까요!) 미래의 독립 출판 작가들에게 추천하고
싶은 소통의 장은 독자들을 만날 수 있는 '마켓'이에요.
다가오는 사람들에게 자신의 책을 30번 정도 같은 말로

설명하면 새로운 시선으로 바라볼 수 있어요. 같은 질문을
여러 번 반복하면 더 깊이 있는 대답을 얻는 것처럼
자신의 책을 객관적으로 이해하게 된답니다. 독자 혹은
예비 독자의 즉각적인 반응과 피드백을 받으면서
밀도 있는 소통도 할 수 있고요.

5

모두가 디자이너인 시대입니다. 독립 출판 역시 제목과 표지 디자인, 타이포그래피 등 디자인에 공을 많이 들이고 있습니다. 실제로 이러한 것들이 판매 부수에 큰 영향을 주기도 하지요. 책을 만들 때 가장 신경 쓰는 점은 무엇인가요? 독립 출판물 중 눈여겨본 책이나 작가가 있다면요?

　　　　신기하게도 경험치가 쌓이면서 어떤 포인트가 반응을 이끌어내는지 체감하게 됩니다. 책을 읽고 받아들이는 독자가 있다고 생각하니 결과물에 대한 책임감도 강해졌고요. 콘텐츠에서는 내용에 대한 검수, 교정, 교열의 과정을 거치고, 디자인에서는 시각적으로 읽기 편한 편집을 하려고 노력합니다. 무엇보다 독립 출판의 매력을 놓치지 않는 게 무엇일까를 고민합니다. 저의 주된 기준은 콘텐츠에 유머가 내포된 작업이에요. 평소 블랙 유머를 좋아하는 편이라 그런 성향이 조금 담겨 있을 거예요.

　　　　『요가 시리즈』는 제목 짓기에 오랜 시간을 들였어요. 콘셉트와 구성 계획을 마친 상태에서 딱 맞는 제목을 찾으려고 거리를 걸으며, 자기 전, 생각할 짬이 날 때마다 머리를 굴렸어요. 직관적이면서 유머러스한 제목을 찾은 순간은 한 달 반 만에 찾아왔어요. 스스로도 만족스럽고 사람들의 반응도 좋아서 뿌듯하게 생각한답니다.

이미지는 컴퓨터 작업보다는 손작업을 지향해요.
일러스트레이터로서의 저를 발전시키고 싶고, 그게 저의
정체성이 되기를 바랍니다. 현재 영국에 있어서 한국의 독립
출판물을 접하기 어려운 환경이에요. 인스타그램을 통해
새 책들을 보며, 저 책은 어떤 종이 질감을 가지고 있을까,
내용은 어떨까 궁금해한답니다. 1년 뒤 한국에 돌아가는데,
보고 싶은 책의 리스트를 차곡차곡 모으고 있어요!

『요가 시리즈』는 상황별로 나뉜 발랄한 타이틀과
작가님 특유의 일러스트가 더해져 요가가 우리의 일상과 매우
가깝다는 것을 보여줍니다. 『요가 시리즈』가 계속해서 사랑받는
이유이기도 하지요. 『요가 시리즈』는 어떻게 기획되었는지,
앞으로도 시리즈가 이어지는지 궁금합니다.

　　　　『요가 시리즈』는 제 일상과 가까운 운동이 요가라는
데서 시작됐어요. 척추 측만증과 후만증을 동시에 가지고
있어서 구부정한 자세를 교정하려고 요가를 시작했습니다.
몸과 마음을 위해 좋은 활동이라는 점도 끌렸고요.
그렇게 요가를 시작한 지 5년이 되어가고 있습니다.

사만키로미터라는 팀으로 활동하는 것도 만족스럽지만,
나만의 개인 작업을 해보고 싶었어요. 개인 작업을
구상하면서 온전히 나에게서 나왔다고 할 만한 콘텐츠는
뭘까 고민하게 되었습니다. 다행히 내가 원하는
모습으로 나를 가꾸는 요가라는 운동이 있어서 고민히는
시간은 잠시였어요. 요가를 하면서 스물여섯 살에 키가
2센티미터나 자랐고, 기복이 심한 기질도 평온해졌어요.
친구들에게 요가가 얼마나 좋은지 침 튀기며 설명해요.
요가는 저의 일상에서 너무 중요한 활동이거든요.

책 작업을 시작한 후에도 어떻게 하면 가장 나답게
표현할 수 있을까 고민했어요. 제목, 내용 등 모든 부분에
제가 생각하는 요가가 무겁지 않게 담기길 바랐습니다.
판형, 인쇄 방법, 제본 방법, 가격 등 모든 요소에 독자들이
손쉽게 접근하도록 설계했습니다. 그렇게『요가 시리즈』는
시작되었습니다.

책에 담긴 상황별로 해볼 수 있는 요가 동작은
제가 효과를 본 동작을 주로 담았습니다. 지극히 주관적인
느낌이 포함되어서 자료 조사를 철저히 했어요.
『요가 시리즈』는 지금까지 6권을 제작했는데, 총 10권을
출간하려고 계획하고 있습니다. 오랜 시간 전체 제목을
생각한 것처럼 다음 시리즈의 제목도 꾸준히 생각하고
있습니다.

『요가 시리즈』는 독립 출판 그룹 사만키로미터에서
출간되었습니다. 독립 출판, 북 바인딩, 편집 등 출판과 문화
기획을 진행하고 있는 사만키로미터는 어떻게 만들어졌나요?
그곳에서 어떤 사람들과 어떤 활동을 전개하고 있는지
소개해주세요.

     사만키로미터는 활동뿐 아니라 생활을 책임져주고
있어서, 파트너 친구와 애착과 책임감을 가지고 운영하고
있습니다. 사만키로미터가 저의 아이덴티티라는
의미에서 사만키로미터 출판이라는 정보를 넣었어요.
사만키로미터는 독립 출판으로 시작해서 여러 활동으로
범위를 넓히고 있습니다. '하고 싶은 창작 활동을 하는
그룹'으로 시작했기 때문에 활동 범위를 국한하지
않고 다양한 실험을 하고 있죠. 헤쳐 모여 방식으로
프로젝트를 진행하는 동안 여러 사람들이 다양한 형태로
함께해주었습니다. 자연스럽게 만났기 때문에 서로에 대한
영향도 다채롭게 주고받을 수 있었고요.

     사만키로미터는 2016년부터 경기상상캠퍼스를
거점으로 삼고 있습니다. 경기상상캠퍼스는 다양한
청년문화 예술팀이 활동을 실험하고 지속하도록
지원해주는 공간이에요. 『가지가지도감』 첫 이야기가
시작된 공간이기도 합니다. 활동 영역이 다른 팀들이지만
비슷한 성향을 지닌 사람들이 모여서 개인적으로도
친해지고 협업이 가능했어요. 그렇게 문화 기획이라는
이름으로 교육, 페스티벌 기획, 전시 기획 활동을 진행하고
있습니다. 2018년 10월에는 『가지가지도감 02: DMZ』를

제작했어요. 해외 아트북 페어에도 도전하고 싶어서
영문 번역을 함께 진행했습니다. 한국의 독립 출판물이
해외에서는 어떤 반응을 얻을지 확인하고 싶거든요.

**작가님은 '한국 문화에 서비스 디자인이 활용될 수 있는 지점'에
관심이 많다고 했습니다. 현재 영국왕립대학에서 유학 중인데요.
한국에서는 어떤 전공을 공부했고, 영국에서는 구체적으로
무엇을 배우는지 궁금합니다.**

예술고등학교부터 대학교까지 조소를 전공해서
오랫동안 순수미술을 공부했어요. 하지만 일상생활과
좀 더 가까운 작업을 하고 싶어서 디자인을 공부하게
되었습니다. 그렇게 연결고리가 되어 시작한
사만키로미터는 중·단기 프로젝트 형식으로 활동하다가
조금씩 사업의 의미가 섞이게 되었고요. 지금까지 다양한
문화 활동에 손을 벌렸지만 늘 부족하다는 생각이 들었어요.
저와 같이 일하는 친구가 생계를 유지할 수 있을 만큼은
수익을 냈으면 해요. 무엇보다 프로젝트에 함께한
친구들에게 적합한 수익을 주는 구조를 만들고 싶습니다.
사업 구조와 운영을 생각하면서 활동하다보니 한계점이
보이더라고요. 사회적 기업에서 1년 남짓 일한 것도
그 때문이에요. 독립 출판을 넘어 지속 가능한 창작 활동의
구조를 상상하는 것. 그래서 더 공부할 필요가 있다고
결정했고, 서비스 디자인을 공부하고 있습니다.

서비스 디자인은 유무형의 대상을 아우르는 경험을
다룹니다. 기능적인 디자인보다 시스템 내부의 구조적
문제점을 파악하고 원만한 해결 지점을 찾는 방법, 나아가
새로운 모델을 만드는 게 지금까지 배우고 파악한 서비스
디자인입니다. 앞으로 자유를 추구하는 창작 활동이 자본의
힘이 작용하는 사업과 만날 때 생기는 이질감을 유연하게

푸는 방법을 찾고 싶어요. 서비스 디자인을 통해 똑
부러지는 창작 활동, 부드러운 사업 모델을 만들고
싶습니다.

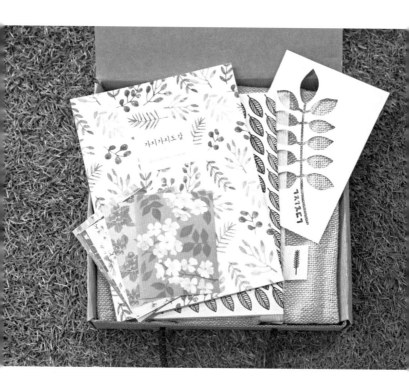

『컬쳐 레시피』나 『요가 시리즈』에 동봉한 스티커를 비롯해서
팀블벅 리워드인 요가 배지, 자수 브로치 등 다양한 굿즈도
제작하고 있습니다. 독립 출판물과 연계한 상품을
기획 단계에서부터 만들었나요?

　　　　어렸을 때부터 손으로 만드는 것은 뭐든
좋아했어요. 초등학교 때부터 액세서리는 비즈로 만들어
착용하고, 대학교 축제에서 팔찌를 만들어 파는 아이가
저였답니다. 그래서 조소를 전공했나 봐요. 대학에 가서는
만드는 행위를 나누면 좋겠다는 생각으로 개인적으로
소소한 프로젝트를 진행했어요. 친구들의 이야기를 듣고
맞춤형 자수 브로치를 만들고, 개인 노트 표지를 만들어
선물하는 자그마한 프로젝트였죠. 서로 비슷한 성향을
지닌 사람들이 모여 프로젝트를 진행하다보니 일단
책을 기획하기 시작하면 신이 나서 굿즈에 대한 욕구를
표출합니다. 제작 예산이나 기간에 따라 이성적인 판단을
내려 실제 제작을 결정하고 있습니다.

　　　　『가지가지도감』은 굿즈에 대한 욕구를 마음껏
펼친 프로젝트였는데요. 책을 기점으로 가방, 노트, 자수
브로치, 스티커, 도무송 엽서를 제작했습니다. 실험의
일환으로 이것저것 제작하면서 상품군이 너무 다양하면
관리가 어렵다는 걸 깨달았고, 그와 동시에 굿즈가 교육에
이용할 만한 매개체가 될 수 있다는 장점도 발견했습니다.
책과 함께 상품이 같은 관점으로 기획·제작되어 만들어지는
순간은 언제나 설레요. 팀원들과 함께 그 순간을 기다리고
실제로 만나게 되면 호들갑을 떨면서 좋아합니다.

작가, 일러스트레이터, 기획자, 마케터 등 많은 역할을 동시에 하고 있지만, 책의 서지에는 스스로를 '아티스트(The Artist)'라고 적었습니다. 이 중 가장 애착을 품고 있는 일이 있나요? 작가님이 궁극적으로 가 닿고자 하는 지향점은 무엇인가요?

지난 5년간의 활동에 다양한 키워드가 뒤섞여 『요가 시리즈』에서는 여러 역할을 포괄하는 의미에서 아티스트라는 단어를 사용했어요. 여러 역할을 동시에 진행하는 게 버거울 때도 있고 하나의 역할을 찾고 싶은 마음으로 새로운 공부를 시작했어요. 그런데 새롭게 공부한 서비스 디자인에서도 모든 분야가 '연결'되어 있다는 걸 알았거든요. 그래서 저는 미래에도 다양한 역할로 활동할 것 같아요. 요즘 가장 가깝다고 생각하는 단어는 '크리에이터'예요. 차근차근 경험을 쌓아 나중에 적합한 이름을 찾고 싶어요.

궁극적으로는 베푸는 사람이 되고 싶어요. 사만키로미터에서 활동하고 요가 수련에 심취하면서 더 나은 나로 바꿀 수 있었어요. 이전에는 불안한 마음이 컸는데, 지금은 현재에 만족하는 연습을 하고 있어요. 그런 만족하는 태도도 연습하니까 자연스러워지더라고요. 이런 태도로 제가 원하는 활동을 꾸준히 한다면 나중에는 깊은 내용을 다룰 수 있겠다고 생각해요. 차곡차곡 쌓은 활동이 다른 사람들에게 꼭 필요한 영향을 끼치면 좋겠습니다.

저는 다양한 키워드로 활동하고 싶어요.
여러 역할을 동시에 진행하는 게 버거울 때도
있고 하나의 역할을 찾고 싶은 마음으로 새로운
공부를 시작했어요. 그런데 새롭게 공부한
서비스 디자인에서도 모든 분야가 '연결'되어
있다는 걸 알았어요. 저는 미래에도 다양한 역할로
활동할 것 같아요. 가장 가깝다고 생각하는 단어는
'크리에이터'예요. 궁극적으로는 베푸는 사람이
되고 싶어요. 이전에는 불안한 마음이 컸는데,
지금은 현재에 만족하는 연습을 하고 있어요. 그런
만족하는 태도도 연습하니까 자연스러워지더라고요.
이런 태도로 제가 원하는 활동을 꾸준히 한다면
나중에는 깊은 내용을 다룰 수 있겠다고 생각해요.

김진아 작가가 뽑은 2018 독립 출판물

『나는 너를 영원히 오해하기로 했다』
손민지, 손민희

끌리는 책을 만들고 싶어요.
읽으면서 많은 페이지에 밑줄을 그어두었어요.
실체를 몰랐던 감정을 정리해서 적어둔 것 같았답니다.
제목도, 표지도, 내용도 어느 것 하나 끌리지 않은 게 없어요.

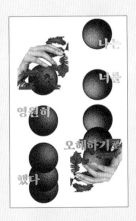

망가지면 좀
어때요?

김현경 작가   『아무것도 할 수 있는』
      『F/25: 폐쇄 병동으로의 휴가』
      『취하지 않고서야』
      『망가진 대로 괜찮잖아요』

인터뷰 안민희

내일은 조금더
행복하지길 바라며,

변영 드림.

1

『우리, 독립 출판』이 나온 지 2년이 되었습니다. 그간 출판과
매체를 둘러싼 환경도 급변했습니다. 1인 미디어는 이제
'크리에이터'라고 불리며 기존 미디어 환경에서 새로운 입지를
굳혀가고 있습니다. '독립'과 '1인'은 작지만 단단한
'콘텐츠 크리에이터'로 주목받고 있지요. 독립 출판 역시
이러한 흐름 속에 있습니다. 자신의 첫 콘텐츠를 독립
출판으로 낸 계기가 궁금합니다.

　　　　　저의 첫 번째 책을 우울증 수기집 『아무것도 할 수
있는』으로 알고 계신 분들이 많으세요. 하지만 그전에
지인들과 함께 작업한 독립 출판물이 있었어요. 글쓰기
애플리케이션 '씀'이 처음 생기고, 그곳에 모인 좋은 글들을
꼽아 만든 『씀: 일상적 글쓰기』라는 책이 있어요.
대학을 졸업하고 따로 할 일이 없던 저에게 친구들이었던
'씀' 구성원들이 제안을 해왔어요. 인디자인 프로그램을
다룰 수는 있었지만 책 제작이나 인쇄에 관해서는 전혀
몰랐는데 일단 해보기로 했어요. 나중에 듣기로는
그 친구들도 '그냥' '어쩐지' 제가 관심 있을 것 같아서
제안했다고 해요.

　　　　　몇 달 동안 집 밖으로 나가지 않고 지냈던 적이
있습니다. 학교를 다닐 때부터 저와 함께한 우울증
때문이었습니다. '내가 어떤 상태다' 말하고 싶었지만
말하기 어려웠어요. 그래서 2016년 늦여름부터 우울증에
대한 인터뷰집을 만들어 그해 가을에 발간했습니다.
'독립 출판'이었던 이유는 우선 출판에 대해 아는 것이
없었기 때문이에요. 독립 출판은 한 번 해본 적이 있어서

좀 더 쉽게 할 수 있을 거라는 생각이 들었어요. 출판사에
따로 제안하거나 투고하는 방식을 생각하지 못했어요.
'내가 직접 만들 수 있는데, 만들어보면 되지 않을까'라는
생각이었다고 할까요.

2

책을 내기 전과 후의 나는 어떻게 달라졌는지 궁금합니다.
독립 출판물을 펴낸 이후 삶에 어떤 변화가 생겼나요?

　　　　가장 큰 변화는 만나는 사람들이 바뀌었다는
거예요. 제가 만나는 사람들은 대부분 대학원에 다니거나
회사를 다니거나 취업 준비를 하는 또래 친구들이에요.
모이면 회사, 취업, 대학원, 결혼, 연애, 쇼핑, 주식
투자 같은 이야기를 주로 하는데, 저는 그런 일에 전혀
관심이 없거든요. 저랑 너무 먼 이야기인 거죠. 물론 좋은
친구들이지만 관심사와 삶이 너무 달랐어요. 이야기를
나누는 시간이 지루하지 않고 만나는 일이 늘 기쁘고
설레는 사람들은 글을 쓰거나 그림을 그리고, 책을
만들거나 파는 사람들이에요. 그런 사람들을 독립 출판
작업을 하기 전에는 알지도 못했고, 알 길도 없었는데,
작업을 하면서 많이 알게 되었어요. 학생 시절 <언리미티드
에디션>이나 일러스트 페어에 갔을 때에는 '이런 사람들이
있구나, 신기하다'라고 생각했는데, 요즘은 그런 곳에
가면 아는 분들이 많아져서 여기저기 인사를 하며 스스로
깜짝깜짝 놀라곤 해요. 친해진 사람 중에는 독자도 있고,
서점을 운영할 때 자주 찾아오던 분도 있어요.
그분들과는 몇 시간을 이야기해도 지루하지 않아요.
매번 먹고사는 문제를 놓고 한숨을 쉬다가도, 다음
작업이나 일을 이야기하면 모두 눈이 빛나요. 이야기를
하다보면 재미있는 기획이 나오고, 작업을 함께하자는
이야기도 나오고요. 그렇게 나온 책이 출판사 '흔'에서
나온 『취하지 않고서야』예요. 독립 출판물 제작자들이

모이는 자리에서 알게 된 재은, 하련과 함께 술을
마시고 난 며칠 뒤에 "이런 기획이 있는데 함께 쓰자"고
제안했어요. 밤새 작업을 해도 '일'이라는 생각이 전혀
안 들어요. 밤을 새워 작업하고도 다음날 일찍 제작 업체
관계자분들과 미팅을 갖고요. 책을 만든 후에도 생계를
유지하는 게 쉽지 않아서 종종 에이전시에서 일을 받아서
작업을 했었는데, 디자인 작업은 간단한 일이어도 너무
하기 싫더라고요. 그래서 회사에 "이제 일 안 주셔도
돼요"라고 말한 이후로 책을 더 열심히 만들고 있어요.
'디자인 외주'라는 물러날 곳이 있으면 제가 책을 이렇게
열심히 만들지 못할 것 같아요. 그렇기에 아무도 알아주지
않을 일을 혼자 꿈지럭대나 싶지만요.

3

**독립 출판은 작가가 곧 제작자이기도 합니다. 작가님의
작업 일과는 어떻게 되나요? 콘텐츠 생산과 제작을 동시에
진행하려면 그야말로 멀티플레이어가 되어야 하는데요.
작가님만의 독립 출판 노하우가 있다면요? 특별히 도움이 된
파트너나 장소가 있나요?**

딱히 일과라 할 건 없어요. 제가 좋아하는 독립
잡지 《계간 홀로》의 캐치프레이즈가 '내키는 대로 만들고,
땡기는 대로 냅니다'인데, 저도 그렇거든요. 출간 계획
같은 건 없어요. 저는 오래 조울증을 겪고 있어서
한두 달은 우울해하고 집에만 있다가, 괜찮아질 것 같으면
한두 달은 열심히 작업해요. 2018년에는 제 컨디션보다는
<퍼블리셔스 테이블> <그림도시> <언리미티드 에디션
10> 등 출판물 관련 마켓(페어)에 새 책을 들고 나가려고
작업에 열중했어요. 저는 주로 여러 명이 함께하는 책을
만들어서 '작가'로 불리기는 어려운 것 같아요. 그래도
한 해 동안 저 혼자 『F/25: 폐쇄 병동으로의 휴가』와
『여름밤, 비 냄새』를 펴냈어요. 앞의 책은 병동 안에서 쓴
일기가 주를 이루고, 뒤의 책은 평소 글쓰기 애플리케이션
'씀'에 써둔 이야기를 모았어요. 나머지 책들은 다른
저자들과 함께 펴낸 거라서 부분적으로 글을 썼는데,
기획을 떠올리면 바로 쓰는 편이라 따로 시간을 내어
글을 쓰지는 않아요. 콘텐츠는 여러 작가들에게 받고,
제작은 주로 혼자 하는데, 손이 빠른 편이라 시간이 많이
걸리지는 않아요. 이번 『망가진 대로 괜찮잖아요』부터는
『취하지 않고서야』를 같이 썼던 재은과 편집을 함께하고

있어요. 여럿이 쓰면 원고를 정리하는 일도 큰일인데
두 명이니 확실히 수월하더라고요. 혼자 고민하면 제목이나
디자인이 무엇이 나은지 고민하는데, 함께 고민할 사람이
있다는 점도 좋고요. 교정 교열은 살리다와 스페인 책방의
다미안 님이 봐주고, 일러스트 작업은 콘셉트에 맞는
작가들과 함께해요. 즐겨 찾는 장소라 할 만한 곳은 없고,
매일매일 '오늘은 어디로 가지?' 고민하다가 마음 내키는
곳에서 작업해요. 책 작업에 노하우는 따로 없어요. 기획
노트를 쓰고, 주변 사람들에게 어떨 것 같냐고 많이 묻는
것? 특히 서점 사장님들에게 의견을 많이 물어봐요.

4

**독립 출판은 독립 서점과 떼려야 뗄 수 없는 관계입니다.
독립 서점에 책을 입고하는 일과 SNS 홍보 등은 어떻게
하고 있나요? 처음 자신의 책을 알릴 때 겪었던 시행착오나
에피소드가 있다면 소개해주세요. 미래의 독립 출판
작가들에게 추천하고 싶은 독립 서점에는 어떤 곳들이
있을까요?**

　　　　책이 나오면 기본적으로 책을 입고하는 몇몇 서점에
메일을 보내요. 기준은 따로 없고 최근에 주고받은 메일
주소가 있는 서점에 주로 보내요. 서점 입장에서도 계속
거래하는 제작자와 소통하는 게 편해서인지 보잘것없는
작업을 가지고 가도 웬만하면 보내달라고 하세요.

　　　　홍보는 개인 SNS에 올리는 것 외에 따로 하지는
않아요. 『아무것도 할 수 있는』은 서점 사장님들이
좋아해주셔서 이곳저곳 인터뷰에서 좋은 말씀을
해주셨어요. 그래서인지 홍보가 제법 되었어요. 처음 책을
만들 때에는 운이 좋게도 텀블벅에서 메인에 올려주기도
했고요. 몇몇 매체와 인터뷰를 하면서 홍보가 된 것도
있어요. 이번 『F/25: 폐쇄 병동으로의 휴가』가 나오고
나서는 EBS 다큐멘터리에 소개되어서 책이 꽤 나갔어요.
대학에서 마케팅을 전공했고, 디자인 회사에서 의뢰받던
일도 홍보물이라 '이렇게 홍보하면 되겠다'는 생각은 들지만,
그래서 오히려 별도로 홍보하고 싶지 않아요. 마케팅을
공부하고 홍보물을 만들 때 회의감을 느꼈거든요.

입고하거나 방문할 만한 책방으로는 해방촌
'스토리지북앤필름', 부천 '오키로 북스', 연희동
'유어마인드'를 추천하고 싶어요. '스토리지북앤필름'에는
다양한 독립 출판물들이 정말 많고, '오키로 북스'는 책을
재미있게 잘 소개해주세요. '유어마인드'는 많이 아실
테지만 그곳에 가면 '멋진 출판물'이 어떤 것인지 알 수 있을
거예요. 대구의 '더 폴락'이나 '고스트북스'도 좋고요. 사실
웬만한 독립 책방은 저마다 특색이 있고 분위기가 있어서
이곳저곳 찾아가는 것도 재미있을 거예요.

5

모두가 디자이너인 시대입니다. 독립 출판 역시 제목과 표지
디자인, 타이포그래피 등 디자인에 공을 많이 들이고 있습니다.
실제로 이러한 것들이 판매 부수에 큰 영향을 주기도 하지요.
책을 만들 때 가장 신경 쓰는 점은 무엇인가요? 독립 출판물 중
눈여겨본 책이나 작가가 있다면요?

　　　　저는 디자인을 전공하고 디자이너로도 잠깐
일했어요. 홍보물 작업을 하며 카피 작업도 병행했고요.
그래서 표지 디자인, 제목, 카피, 책 소개가 당연히 독자에게
영향을 끼친다고 생각하고, 그 부분을 가장 신경 써요.
그중에서도 책을 소개하는 카피를 가장 오래 고민해요.
하지만 제 책들이 '디자이너'가 만든 것치고 허술한 면이
있는데, 정말 제 마음에 드는 작업을 하려면 마감을 맞추지
못할 것 같아요. 무언가 '잘해야 한다'는 강박이 저를
오래도록 갉아먹어서 퀄리티를 높이는 것보다 제 마음이
편한 걸 택하는 거죠.

　　　　디자인, 제목, 카피도 중요하지만 그보다는 책의
콘셉트나 콘텐츠가 더 중요하다고 생각해요. 일단 콘셉트와
콘텐츠가 명확하거나 다른 출판물과 차이점이 있어야
제목이나 디자인, 카피를 명확하게 짤 수 있어요. 가끔은
겉보기나 제목은 별로인데 콘셉트와 내용이 더 좋은 책들도
있거든요.

　　　　저는 무언가를 '물어보았다'거나 '모았다'고 하면
그 책을 유심히 살펴보고 가급적 구매해요. 최근에도 을지로
3가에 위치한 '노말 에이'의 출판 브랜드 131WATT의
『SOUVENIR BOOK 2』와 대구 '더 폴락'에서 발간한

『북성로 맵시』, <언리미티드 에디션 10>에서 발견한
『What's the Most Important Word in Your Life?』를
구입했어요. 『SOUVENIR BOOK』은 기념품에 담긴
이야기를 모았고, 『북성로 맵시』는 북성로 일대에서
패셔너블한 어르신들의 패션을 모은 사진집이고, 마지막은
유럽 여행을 하며 100명에게 '당신의 삶에서 가장 중요한
단어는 무엇인가요?'라는 질문을 던지고 그 답을 모은
책이에요. 모두 미소를 지으며 봤어요.

　　　　제작자로는 이렇게 무언가를 자주 '모으는'
'더쿠' 님의 작업이 재미있지만, 최근 들어서는 영화 속
기계 장치를 모은 『GIMMICS』나 주변 사람들에게
기억나는 꿈을 물어 엮은 『꿈 수집가』 같은 책도 재미있게
봤어요. 『캐서린 666』이나 『유감의 책방』을 쓰고 만든
'우세계' 님의 작업을 볼 때면 '도대체 왜 이런 걸 만들지?'
싶으면서도 (긍정적으로) 늘 기대되고 재미있어요.

독립 출판물을 펴낸 이후 가장 큰 변화는 만나는 사람들이 바뀌었다는 거예요. 제가 만나는 사람들은 대부분 대학원에 다니거나 회사를 다니거나 취업 준비를 하는 친구들이에요. 회사, 취업, 대학원, 결혼, 연애, 쇼핑, 주식 투자 이야기를 하는데, 저는 관심이 없거든요. 좋은 친구들이지만 관심사와 삶이 너무 달랐어요. 만나는 일이 기쁘고 설레는 사람들은 글을 쓰거나 그림을 그리고, 책을 만들거나 파는 사람들이에요. 그런 사람들을 독립 출판 작업을 하면서 알게 되었어요. 매번 먹고사는 문제를 놓고 한숨을 쉬다가도, 다음 작업이나 일을 이야기하면 모두 눈이 빛나요. 이야기를 하다보면 재미있는 기획이 나오고, 작업을 함께하자는 이야기도 나오고요.

망가지면 좀
어때요?   김현경 작가

최근 '우울증'에 관한 도서가 대세를 이루고 있습니다.
작가님은 그 이유를 어디에서 찾나요? 책을 쓸 때 이러한
흐름을 예측했나요?

　　제가 우울증 수기집『아무것도 할 수 있는』을 만든
때는 2016년이었는데, 찾아봐도 이런 책이 없어서 '직접
만들어야겠다'고 생각했어요. 당시 정신의학과 교수님에게
"이런 책을 만들어도 될까요?"라고 여쭤봤을 정도로 기획에
걱정이 많았어요. 제가 우울증을 겪고 있다는 사실을
사람들에게 말하는 일도, 다른 사람들의 이야기를 모아서
출판하는 일도, 이런 글을 누군가 읽고 혹여 좋지 않은
영향을 받지 않을까 하는 점도 염려되었거든요. 요즘은
자신의 우울을 고백하는 책이 많죠. 베스트셀러도 있고요.

　　사실 잘 팔릴 거라고 생각은 했어요. 많이 팔겠다는
게 목표는 아니었지만요. 제 주변을 봐도 '내가 우울증을
앓고 있는 게 아닐까?'를 고민하는 친구들이 많았거든요.
그래서 처음에는 친구들을 인터뷰했어요. 아마 그만큼
우울하지 않기 어려운 사회라서 그런 것 같아요.
대학생 시절 한병철 교수의『피로사회』라는 책을 읽었어요.
요약해서 말하면 '성과 중심 사회'에서 자신의 시간을
잃은 사람들이 우울하다는 거예요. '과잉 긍정'이라는
말도 나오는데, 요즘은 '안 되면 말고'라는 카피를 담은
책이 꽤 나오지만, 한동안 "무엇이든 할 수 있어!"라는
말이 대세였잖아요. 저도 "노력하면 다 돼"라는 말을 듣고
자랐고요. 그런 생각들이 사람들을 힘들게 하는 것 같아요.
'아, 나는 노력이 부족하구나' '누구나 할 수 있는 일인데

나만 못 하는구나'라고 생각하는 거죠. 안 될 수도 있는
건데, 꼭 모두 대단한 사람이 되어야 하는 것도 아닌데,
그리고 안 되는 이유가 매번 자신의 탓도 아닌데 말이죠.
그래서 요즘은 차라리 포기하는 내용을 담은 출판물이
많은 것 같고, 그런 맘을 먹는 게 정신 건강에 좋은 것
같아요. '아, 어차피 안 되는구나.' 조금 위험한 말일 수
있지만, 저는 그렇게 살고 있어요.

**우울증은 조금 조심스러운 주제일 수도 있습니다. 전문가가
아님에도 이 주제를 다루는 것에 대한 걱정은 없었나요?**

　　　　제가 전문가였다면 당연히 책에 저의 지식이
들어갔을 거예요. 그런데 제가 모으고, 만들고, 읽고
싶었던 책은 '이렇게 해야 우울증을 벗어날 수 있다'는
것이 아니라 '우울증을 겪는 사람들은 이러니까 이해해
달라'는 거였거든요. 과연 내 친구들은 나를, 그리고 나는
내 친구들을 '실제로' 어떻게 대해야 할까에 대한 답을
찾고 싶었고요. 물론 병으로의 우울증은 약을 먹고 상담을
받는 전문가의 치료가 필요하겠지만, 주변 사람들은 그
외에 어떻게 대해야 할지 알기 힘들거든요. 그래서 '나는
주변 사람들의 이런 행동이 편했다'는 진짜 이야기가
궁금했어요. 공감하는 게 전부라고 생각했고, 굳이 '나'라는
사람이 만드는 책에 전문 지식이 들어갈 이유도 없다고
생각했어요. 궁금하면 다른 책을 보면 되니까요. 주변
사람들 입장에서도 '행동 수칙' 같은 것보다 '공감'하기에
편할 거라 생각했고요. 제가 만드는 책은 전문 지식이 없는
게 당연해요. 없어야 옳다고 생각했기에 전문가가 아니라서
걱정하지는 않았습니다.

**『아무것도 할 수 있는』에서 우울함에 괴로운 사람이 아니라
그 주변인들이 이 책을 읽고 뭔가를 느꼈으면 좋겠다는 이야기를
한 것이 기억에 남습니다. 실제로 도움을 받은 '주변 사람'도
있었나요? 책을 통해 작가님 스스로가 받는 위안도 있나요?**

책을 썼던 때보나 우울한 때기 와도, 저에게
"고맙다"고 말하는 사람들의 따뜻한 눈빛을 떠올리며
버텨낼 수 있었어요. 그 책은 읽다보니 너무 우울해져서 다
못 읽었다고 얘기하는 분들도 꽤 있었는데, 저도 그래서
아직도 '완독'한 적은 없어요. 물론 원고는 다 읽었습니다.
책을 읽은 분들은 대부분 우울증을 겪는 본인이에요. 그런
카피를 써도 (정작 주변 사람은 읽지 않고) 책을 사서 우울한
친구에게 '선물'한다거나, 저한테 "못 읽겠는데 어떻게 해야
하는데?"라고 되물어요. 그럼에도 몇몇 분들이 전해주신
이야기들이 있어요. 처음으로 들은 '주변 사람'과의 관계가
달라진 이야기는 어느 서점 사장님으로부터 전해들은
건데요. 책을 구매한 분이 우울증으로 이야기를 하지 않던
동생에게 그 책을 건넸고, 동생이 책을 다 읽고 나서 "내가
이런 상태야"라고 이야기해주어 대화를 나누게 되었대요.
최근에는 어느 북 토크에서 청소년 상담을 하는 복지사분을
만났는데 "이런 책을 만들어줘서 고맙다"고 말씀을
해주셨어요. 이런 이야기를 전해주는 분들, 그 이야기를
전하러 멀리서 저를 찾는 분들이 계세요. 이런 이야기를
들을 때마다, 자괴감에 차서 '나, 도대체 뭐하고 있지'라는
생각이 '우와, 내가 도대체 무슨 일을 한 거지?'로 바뀌어요.

**휴대폰 메모를 틈틈이 하는 것은 물론이고 『F/25: 폐쇄
병동으로의 휴가』의 경우도 기록성이 강한 작품입니다.
늘 기록하는 이유가 있나요? '기록'이란 어떤 의미인가요?**

　　고등학생 때부터 '기록병 환자'라는 말을 많이
들었어요. 처음에는 책을 읽으며 마음이 가는 구절들을
썼어요. 중고등학생 때 내내 쓰던 두꺼운 노트가 집에
있어요. 책을 열심히 읽었는데 '어떤 책이었지?' '좋았던
문장이 있었는데'라며 잊어버리는 게 싫어서요.
해야 하는 일마저도 잊어서 대학교에 다닐 때는 지나간
일도 다 적어두곤 했어요. 제 생각이나 삶에 대해서는
따로 적을 일이 없었는데, 우울증을 겪으면서부터
잘 잊게 되어서 상담사가 "어떻게 지냈나요?" 물어보면
답을 할 수 없더라고요. 그래서 무얼 했고 어떤 문제가
있었는가를 쓰기 시작했어요.

　　그것이 '글'의 형태가 된 건 글쓰기 앱 '씀'
덕분이었는데, 친구들이 만든 앱이니 써봤어요. 글감을
준다는 콘셉트가 재미있어서, 매일 글감을 확인하고 그에
맞는 글을 조금씩 써보았어요. 그런데 사람들이 제 글을
담아가고 좋아하는 게 재미있더라고요. 최근에는 그곳에
써둔 짝사랑에 대한 글을 모아 '스토리지북앤필름'에서
『여름밤, 비 냄새』라는 책을 발간했는데, 이것도 제가
그때의 감정이나 있었던 일을 잊고 싶지 않아서였어요.
앞에서 말했듯이 '기록'은 잊지 않기 위해 시작한 일이고,

지금도 그래요. 『F/25: 폐쇄 병동으로의 휴가』도 기록
그 자체인데, 병동에서 할 일이 없었고, 처음 응급실 침대에
실려 들어가면서도 써두어야겠다고 생각했어요.

언젠가 '씀'에 기록하는 일에 관해 '사라지고
싶었으나 사라지기 두려웠다'는 말을 써둔 적이 있었어요.
제 기억이나 생각, 감정이 잊히는 게 무섭고 저 자신이
사라지는 것도 무서워서 이것저것 많이 쓰는 것 같아요.
물론 해야 하는 일을 잊어서 못하는 것도 무섭고요. '기록'은
그런 두려움을 줄이기 위한 행위라고 할 수 있을 것 같아요.

『아무것도 할 수 있는』을 썼던 때보다 우울한 때가
 와도, 저에게 "고맙다"고 말하는 사람들의 따뜻한
 눈빛을 떠올리며 버텨낼 수 있었어요. 우울증으로
 이야기를 하지 않던 동생이 저의 책을 보고
"내가 이런 상태야"라고 대화를 나누게 되었다는 분,
"이런 책을 만들어줘서 고맙다"고 전해주는
 분들이 계세요. 그런 이야기를 들을 때마다
'나, 도대체 뭐하고 있지'라는 생각이
'우와, 내가 도대체 무슨 일을 한 거지?'로 바뀌어요.

책 디자인을 직접 하는데, 특별히 중점을 두는 부분은
무엇인가요? 『아무것도 할 수 있는』과 『F/25: 폐쇄
병동으로의 휴가』의 글씨가 푸른색인 것도 인상적입니다.
다른 작가들과 협업을 하고 텀블벅을 통해 다른 작가를
직접 섭외하기도 하는데요. 다른 작가들과의 소통과 협업이
작가님에게 어떤 의미로 다가오나요?

　　　　푸른 글씨는 '별색 인쇄'인데 내지에 별색을
많이 써요. 처음 책을 인쇄할 때 인쇄소 근처에서 일주일
정도 숙박하며 배웠어요. 두 가지 색을 쓰면 좋겠다고
생각했는데 그게 별색인지는 몰랐죠. 그래서 나름 작업을

마쳤다고 생각하고 나서도 인쇄소에서 별색 인쇄의 원리를
듣기도 하고, 그에 맞춰 새로 작업을 했고요. 원래는 그
색이 인쇄되는 기계가 아닌데 색을 조합해서 잉크를 넣는
별색 인쇄 원리가 매력적이더라고요. 어떻게 인쇄될지
상상하는 일도, 색을 정하는 일도 재미있고요. 파란색인
이유는 '우울'이 영어로 'blue'라서 그런 거냐고 물어보는데,
그냥 제가 파란색을 좋아해서예요.
        다른 사람들과 함께 작업하는 이유는 제가 딱히
제 이야기를 하거나 내보이고 싶은 욕구가 별로 없기
때문이에요. 그보다는 '다른 사람들은 어떤 생각이나
추억을 가지고 있을까?'가 궁금해요. 저는 글을 쓰는
것에도 흥미를 못 느끼고 자신도 없어서, 앞으로도 다른
좋은 분들과 작업하고 싶어요. 혼자 쓴 책은 그런 경험을
한 사람이 제 주변에 저 혼자라서이고, 그 이야기를 함께
쓸 분이 있었더라면 함께 썼을 거예요. 저에게는 소통하며
협업하는 일이 혼자 하는 것보다 더 힘든 일이지만,
동시에 그저 혼자 할 수 없는 일이에요. 앞서 말했다시피
'작가'라기보다는 '제작자'나 '디자이너' '기획자'가 제가
하는 일에 가까운 것 같아요. 책을 만드는 작업이 즐거운
거죠. 제가 잘할 수 있다고 믿는 일을 다른 사람들과
함께하는 것도 재미있고요.

김현경 작가가 뽑은 2018 독립 출판물

『당신의 인생에서 가장 중요한 단어는 무엇인가요?
(What's the Most Important Word in Your Life?)』
조은

저자는 삶의 '나침반'이 될 수 있는 단어를 찾고자 무작정 노트,
펜, 필름 카메라를 가지고 유럽 여행을 시작했습니다. 100명의
사람들에게 제목과 같은 질문을 하고, 사람들은 망설임 없이
종이에 그 단어를 적었고요. 이는 그 단어들과 이유, 사람들의
이야기를 모은 책입니다. 저에게 그 질문을 던진다면 아마
'사람'이라 답할 거예요. 사람들이 어떻게 살아가고, 무슨 생각을
하며 살아가는지는 제게 언제나 중요하며, 궁금한 일이거든요.
그렇기에 '사람'과 이들의 단어를 담은 이 책이 제게 올 한 해
가장 인상 깊었던 책입니다.

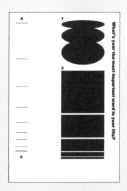

우리에게 필요한
솔직한 이야기

백세희 작가　　　『죽고 싶지만 떡볶이는 먹고 싶어』

인터뷰 안민희

작은 행복이 많은 날들 되시길 :)

Sehee

Ⅱ

**『우리, 독립 출판』이 나온 지 2년이 되었습니다. 그간 출판과
매체를 둘러싼 환경도 급변했습니다. 1인 미디어는 이제
'크리에이터'라고 불리며 기존 미디어 환경에서 새로운 입지를
굳혀가고 있습니다. '독립'과 '1인'은 작지만 단단한
'콘텐츠 크리에이터'로 주목받고 있지요. 독립 출판 역시
이러한 흐름 속에 있습니다. 자신의 첫 콘텐츠를 독립
출판으로 낸 계기가 궁금합니다.**

　　　　일단 제가 만들고 싶은 대로 만들 수 있어서
좋았어요. 독립 출판물은 다양한 형식을 취하잖아요.
처음 독립 출판물에 입문하게 된 계기가 이진송 작가의
《계간 홀로》였는데, '완성도 따위는 상관없다!' 같은
느낌이 재밌었어요. 그 외에도 손 글씨로 직접 쓴 책,
실로 엮은 책, 문제집만큼 커다란 책, 카세트테이프나
비디오테이프 모양을 한 책 등 형식에 제약이 없으니
자유롭고 개성도 강해서 좋았어요. 저는 정식 출판물이
독립 출판물만큼 자유롭지 못하다고 생각하거든요.
비슷한 판형, 글자체 등이 경직되어 보인다고 해야
하나(물론 그 매력도 훌륭하지만요). 정식 출판사를 통해
출판하려면 기획서나 원고를 써서 투고해야 하는데
자신도 없었고요. 출판사에서 책을 내는 건 협업이잖아요.
그만큼 서로의 의견을 조율해야 하고요. 하지만 독립
출판물은 오로지 제 힘으로 처음부터 끝까지 책을 만들고
유통할 수 있어서 흥미로웠어요. 재미도 있고, 의미도
크다고 생각했어요.

2

책을 내기 전과 후의 나는 어떻게 달라졌는지 궁금합니다.
독립 출판물을 펴낸 이후 삶에 어떤 변화가 생겼나요?

제 책의 성격을 바탕으로 생각해보자면, 책을
쓰기 전에는 많이 외로웠어요. 저만 이런 줄 알았거든요.
나만 이상하고 유별나고 나약하다고 생각했죠. 하지만
책을 내고 나서는 그런 생각이 조금 줄었어요. 자신의
일기장 같아서 위로받았다는 메일이나 메시지를 받을
때면 나와 비슷한 사람들이 이렇게 많구나 싶어서 위안이
됩니다. 일종의 연대감도 느끼고요. 살아오면서 제가
별로 쓸모없다고 생각했는데, 아주 미약하게나마 건강한
영향력을 끼칠 수 있게 되어서 기뻐요.

상담 치료를 받은 지 1년 5개월 정도 되었고,
2018년 7월부터 상태가 많이 호전되었어요. 우울감과 자살
충동이 줄었고, 힘든 상황에 직면해도 회복하는 속도가
빨라졌거든요. 하지만 자책과 공허감은 그대로예요. 마음
상태는 늘 유동적이어서 '현재 상태가 이렇다' 규정할 수는
없고, 정말 매일매일이 달라요. 여전히 우울하고, 즐겁고,
무미건조할 때도 있는 그런 마음으로 지내고 있어요.

작가로서의 대체 불가능성은 글쎄요, 이번 첫 책은
제목과 기획이 신선했다고 생각해요. 그리고 세상에는
좋은 책과 좋은 작가가 정말 정말 많아요. 저만의 대체
불가능성을 꾀하기보다는 첫 책처럼 어렵지 않고 솔직한
글을 쓰고 싶어요. 인위적인 게 가장 싫거든요.

3

**독립 출판은 작가가 곧 제작자이기도 합니다. 작가님의
작업 일과는 어떻게 되나요? 콘텐츠 생산과 제작을 동시에
진행하려면 그야말로 멀티플레이어가 되어야 하는데요.
작가님만의 독립 출판 노하우가 있다면요? 특별히 도움이 된
파트너나 장소가 있나요?**

　　　　　저는 직장에 다니면서 책을 만들었어요.
처음 정신과 진료를 받을 때부터 상담 내용을 블로그에
정리했으니까 원고를 쓰는 것에는 부담이 없었어요.
하지만 일과 병행하다보니 퇴근 후에는 거의 집에서
원고를 봤어요. 매번 그런 건 아니고 쉬고 싶을 때는 쉬다가
주말에 몰아서 볼 때도 있었고요. 출판사를 다녔고 원래
활자를 좋아해서 원고를 쓰고 교정 교열을 보는 것이
힘들긴 해도 문제는 없었는데, 표지 디자인과 인쇄 과정은
정말 힘들었어요. 책등과 표지 사이즈 계산, 인쇄용 파일
만들기…… 디자이너가 아니다보니 주변에 부탁해서
표지를 만들고…… 이런 과정이 정말 힘들었죠. 저는 정말
노가다(?)로 만들어서 별다른 팁은 없어요. 요즘 독립 출판
강좌가 많잖아요. 강의를 몇 주 듣고 나면 독립 출판물을
만들어 유통하고요. 그렇게 전문가의 도움을 받는 게
좋을 것 같아요. 가격도 많이 비싸지 않더라고요.

작업 장소는 언제나 집이었어요. 단순히 집이라고 하면
진부하지만, 저는 딸만 셋인 집에서 자라서 제 공간을
가진 적이 한 번도 없었거든요. 초중고, 심지어 직장까지
가까워서 집과 동네를 벗어난 적이 없었어요. 충동적으로
독립했는데, 그래서 제 공간에 굉장히 애착이 강해요.
단순히 잠만 자고 먹는 공간이 아니라 꾸미고 다듬고
돌봐요. 지금은 투룸에서 살고 있는데, 작은방이 저의
훌륭한 작업실이죠.

책을 쓰기 전에는 많이 외로웠어요.
저만 이런 줄 알았거든요. 나만 이상하고 유별나고
나약하다고 생각했죠. 하지만 책을 내고 나서는
그런 생각이 줄었어요. 자신의 일기장 같아서
위로받았다는 소식을 받을 때면 '나와 비슷한
사람들이 이렇게 많구나' 싶어서 위안이 됩니다.
연대감도 느끼고요. 살아오면서 제가 별로
쓸모없다고 생각했는데, 아주 미약하게나마
건강한 영향력을 끼칠 수 있게 되어서 기뻐요.

4

**독립 출판은 독립 서점과 떼려야 뗄 수 없는 관계입니다.
독립 서점에 책을 입고하는 일과 SNS 홍보 등은 어떻게
하고 있나요? 처음 자신의 책을 알릴 때 겪었던 시행착오나
에피소드가 있다면 소개해주세요. 미래의 독립 출판
작가들에게 추천하고 싶은 독립 서점에는 어떤 곳들이
있을까요?**

저는 처음 독립 출판물을 출간할 때 텀블벅이라는
크라우드 펀딩을 이용했어요. 크라우드 펀딩에 관심이
많았어요. 자신이 만들고 싶은 콘텐츠를 미리 선보이고,
자발적 후원을 통해 완성물이 나온다는 게 재미있었어요.
책 제작비를 충당하고자 하는 목적도 있었지만 제 책에
대한 사람들의 관심도가 궁금했거든요. 그 프로젝트가
생각보다 인기를 끌면서 한 동네 서점에서 입고 문의를
받았어요. 신기하기도 하고 감격스러웠죠. 그 후, 제가
좋아하던 서점에 메일을 보내 입고 요청을 했죠. 제 책이
우울증에 관한 책이어서 서점의 성격과 맞지 않아 거절당한
곳도 있었어요. 조금 슬펐죠. 입고 서점이 늘어갈수록
홍보는 자연스럽게 됐어요. 서점에서 적극적으로
홍보를 해주시니까요. 가장 큰 도움을 받았던 서점은
스토리지북앤필름, 책방 오혜, 별책부록, gaga77page
등이에요. 특히 스토리지북앤필름은 규모도 크고
유명하니까 작가분들이 꼭 입고하시면 좋겠어요.

5

모두가 디자이너인 시대입니다. 독립 출판 역시 제목과 표지 디자인, 타이포그래피 등 디자인에 공을 많이 들이고 있습니다. 실제로 이러한 것들이 판매 부수에 큰 영향을 주기도 하지요. 책을 만들 때 가장 신경 쓰는 점은 무엇인가요? 독립 출판물 중 눈여겨본 책이나 작가가 있다면요?

저는 표지도 중요하지만 가독성이 가장 중요하다고 생각했어요. 책을 딱 펼쳤을 때 글자 크기나 간격, 여백이 눈을 피곤하지 않게 만드는 책이 좋거든요. 글자가 너무 작고 빽빽하면 펼치자마자 피로감이 몰려와요. 두껍기까지 하면 다 읽을 수 있을까 무섭기도 하고요. 최근에 <언리미티드 에디션>을 다녀왔는데, 양다솔 작가의 『간지럼 태우기』라는 책 표지가 재미있었어요. 사진을 막 찢어서 대충 붙인 듯한 촌스러운 느낌이 매력적이더라고요. 책 판형과 가독성도 좋았어요.

'『죽고 싶지만 떡볶이는 먹고 싶어』는 지난 10년간
독립 출판계에서 가장 큰 기록적 흥행의 결과물이다'라는
언론 보도가 있었습니다. 책의 제작과 유통의 관점에서
보았을 때, 시작은 독립 출판물이었지만 이후 흔 출판사와
계약을 맺고 기성 출판 시스템을 통해서 베스트셀러가
되었습니다. 그래서인지 일부 독립 서점 운영자들은 이 책을
독립 출판물로 간주하지 않는 시선도 있습니다. 작가님이
생각하는 독립 출판물은 무엇인지요?

　　　　　　앞서 말했던 것처럼 자유로운 책이요. 책이라는
형식에 얽매이지 않고, 상상하고 떠오르는 대로 만드는 것.
촌스럽거나 허접해도 상관없는 거요. 그게 매력이니까요.
저는 상업 출판으로 교보문고 같은 대형 서점에 책을
유통했으니 독립 출판물로 보지 않는 것 같아요. 작은 서점,
독립 서점에 입고하는 책이 '독립 출판물'인 것 같아요.

최근 '우울증'에 관한 도서가 대세를 이루고 있습니다.
작가님은 그 이유를 어디에서 찾나요? 책을 쓸 때 이러한
흐름을 예측했나요?

　　　　예측했다기보다는 꼭 필요한 과정이라고
생각했어요. 성공해서 기쁘고요. '대세'라는 건 좀 슬픈
말이지만, 그럼에도 불구하고 가시화되어야 한다고
생각해요. 많은 사람들이 정신적 아픔에 대한 이야기를
감추지 않고 드러내야 사회적 편견이 걷히고 인식이 바뀔 수
있잖아요. 마음이 상처 나고 부러진 듯한 느낌을 받을 때
의지나 마음가짐으로 고쳐지지 않는다는 것, 그래서 병원에
가고 치료를 받아야 한다는 게 당연해졌으면 좋겠어요.

『죽고 싶지만 떡볶이는 먹고 싶어』는 작가님의 이야기가
중심을 이루고 있지만 상담 선생님의 역할도 중요합니다.
선생님의 따뜻한 배려와 열정이 종이 너머로 전해질
정도인데요. 상담 선생님은 이 책에 쏟아지는 독자들의
뜨거운 반응을 어떻게 바라보고 있나요?

　　　　상담 선생님은 긍정적으로 바라보고 있어요.
책이 유명해져서 부담스럽지 않으시냐고 물었는데,
그래도 본인이 직접적으로 드러나지는 않으니 크게
부담을 느끼시지는 않고요. 굉장히 의미 있는 현상이라고
생각하세요. '정신병원'이라는 단어가 주는 부정적인
어감이 너무 커서 정신과에서도 그동안 이름을 바꿔왔다고
하시더라고요. 마음 건강, 정신 건강, 마음 상담 등.
그럼에도 바꾸기 어려웠던 편견의 장벽이 이 책을 통해
조금 낮춰진 것 같다고 기뻐하셨어요.

**대형 출판사를 포함해 여러 출판사에서 출판 제의가 있었다고
들었습니다. 1인 출판사인 흔 출판사를 선택한 이유는
무엇이었나요?**

　　　　흔 출판사에서 내는 첫 책이 제 책이었거든요. 그만큼
제 책에 집중하고 열정을 쏟아줄 거라고 믿었어요. 대표님이
편집자 출신이어서 실력(?)에 대한 믿음도 있었고요.

**처음에는 마음 맞는 사람들과 나눠 읽을 생각으로
책을 제작했다고 들었습니다. 책에 대한 폭발적인 반응 덕분에
후속 작업에 변화가 생겼을까요? 후속편에는 어떤 내용이
담기는지 궁금합니다.**

　　　　첫 책을 부담 없이 만들었는데 예상 외로 반응이
좋아서 부담이 되더라고요. 뭔가 더 재미있어야 할 것 같고,
더 흥미로워야 할 것 같고, 훌륭한 해결책을 제시해야 할 것
같고. 그러다보니 뭘 못하겠는 거예요. 머리를 쥐어뜯다가
또 선생님에게 털어놓았죠. 선생님이 그럴 땐 다 내려놓고,
첫 책을 만들 때의 초심만 생각하라고 하셨어요. 그때
내려놓게 됐죠. 그냥 솔직하기만 하자. 첫 책 때처럼. 나와
비슷한 누군가는 또 알아봐주고 위로를 받을 수도 있겠지.
이 마음으로 작업 중이에요. 1권을 출간한 이후에도 꾸준히
받고 있는 상담 내용을 담고 있고요. 형식에는 변화가 없어요.
내용은 다양해서 요약하기 힘들지만, 이상한 강박이나
자해 등의 문제점과 나아진 부분 등 1권에서 부족했던
치유 과정을 담을 거예요.

우리에게 필요한
솔직한 이야기

백세희 작가

첫 책을 부담 없이 만들었는데 예상 외로 반응이
좋아서 부담이 됩니다. 뭔가 더 재미있어야 할 것 같고,
더 흥미로워야 할 것 같고, 훌륭한 해결책을
제시해야 할 것 같고. 그러다보니 뭘 못하겠는 거예요.
머리를 쥐어뜯다가 선생님에게 털어놓았죠.
선생님이 그럴 땐 다 내려놓고, 첫 책을 만들 때의
초심만 생각하라고 하셨어요. 그때 내려놓게 됐죠.
그냥 솔직하기만 하자. 첫 책 때처럼. 나와 비슷한
누군가는 또 알아봐주고 위로를 받겠지. 이 마음으로
새 책을 작업하고 있어요. 1권을 출간한 이후에도
꾸준히 받고 있는 상담 내용을 담고 있어요.
이상한 강박이나 자해 등의 문제점과 나아진 부분,
1권에서 부족했던 치유 과정이 담길 거예요.

백세희 작가가 뽑은 2018 독립 출판물

《계간홀로 13호》

2018년 가장 인상 깊었던 독립 출판물은 단연 《계간홀로 13호》.
13호를 맞이하여 13일의 금요일 콘셉트(?)로 맞춘 호러스러운
표지와 초심을 잃지 않는 완성도. 제 독립 출판물 입문서이자
애독서입니다. 이 책은 우리에게 연애할 자유가 있듯이 연애를
'하지 않을' 자유도 있다는 것을 설파하며, 이 땅의 연애지상주의에
반기를 들고 있어요. 연애를 부정적으로 보거나, 하지 않겠다는
것이 아닙니다. 단지 연애하지 않는 이들을 어딘가 문제 있는,
완성되지 않는 상태로 보는 걸 비판하며 연애 또한 '하지 않을
자유'가 있다는 거죠. 이러한 큰 뿌리를 중심으로 폴리아모리,
결혼과 비혼, 퀴어, 무성애 등 다양한 주제를 풀어가는 흥미롭고
유익한 책입니다.

매일 책을 만들면
작가인 겁니다

서굴 작가

인터뷰 신민주

책 낼 자에서 책 낸 자로
그리고 다시 책 낼 자로

감사합니다!

18. 11. 20
서울

1

『우리, 독립 출판』이 나온 지 2년이 되었습니다. 그간 출판과
매체를 둘러싼 환경도 급변했습니다. 1인 미디어는 이제
'크리에이터'라고 불리며 기존 미디어 환경에서 새로운 입지를
굳혀가고 있습니다. '독립'과 '1인'은 작지만 단단한
'콘텐츠 크리에이터'로 주목받고 있지요. 독립 출판 역시
이러한 흐름 속에 있습니다. 자신의 첫 콘텐츠를 독립
출판으로 낸 계기가 궁금합니다.

　　　　우선 왜 '책'을 선택했는지부터 얘기해볼게요.
저는 오랫동안 습작을 해왔는데요. 어디에도 발표되지
않는 창작물을 계속 만들다보니 지겹고 지쳤어요.
어떻게든 결과물이 보이는 작업을 하고 싶었죠.
그래서 물리적 실체가 손에 잡히는 '책'을 선택했어요.
그럼 왜 기성 출판의 문을 두드리지 않고 독립 출판을
시작했느냐면…… 빨리 내고 싶었어요. 출판사에 투고하고,
편집자에게 원고를 보내고, 피드백을 받는 그 지난한
과정을 기다리는 게 싫었어요. 피드백 없는 외로운 작업에
지쳐 있었거든요.

　　　　각종 공모전에 도전했다가 탈락했던 경험도
영향을 주었어요. 내 창작물이 독자를 만날 기회도
얻지 못한 채 소수 의견에 연달아 부정당하는 경험이
힘들었어요. 어떻게든 저 자신의 창조적 자존감을 지킬
결과물이 필요했습니다. 그래서 빨리 반응을 얻을 수 있고,
누구도 내 작품에 참견하거나 관여하지 않는 독립 출판을
시작했습니다.

첫 책을 펴내던 그때의 저는 의미 있는 작업을 하겠다는
생각보다 자기표현에 목말라서 거의 돌아버릴 지경이었던
것 같아요. 그 욕구 불만을 독립 출판이라는 날것의 매체를
통해서 폭발시켰다고 생각해요.

2

**책을 내기 전과 후의 나는 어떻게 달라졌는지 궁금합니다.
독립 출판물을 펴낸 이후 삶에 어떤 변화가 생겼나요?**

『책 낸 자』에 나오는 말이기도 한데요. "첫 책을
내고 무엇이 달라졌는가"를 묻는다면 "두 번째 책을 낼 수
있게 되었다"고 답하고 싶어요. 첫 번째 책이 없으면 죽었다
깨어나도 두 번째 책을 낼 수 없거든요. 첫 책을 내는 것이
'점'을 찍는 행위라면, 두 번째 책은 두 점을 이어 선을 만들
수 있다는 뜻이에요. 선이 생긴다는 것은 흐름이 생긴다는
것이고, 내 길이 생긴다는 겁니다. 첫 번째 책은 길의
시작이죠. 내가 길을 만들겠다는 선언이기도 하고요.

책을 계속해서 만들어가는 힘은 굉장히 복합적인
감정으로부터 비롯된 것 같아요. 일단 낮은 자존감. 역시
『책 낸 자』에 나오는 말인데, 이거라도 하지 않으면
나는 아무것도 아니라는 낮은 자기 인식이 책을 만드는
동력이 되었어요. 다른 하나는 아무래도 인정 욕구겠죠.
사람들에게 관심을 얻고 싶고 인정받고 싶은. 내가 그냥
평범한 회사원이 아니라 '작가'라는 것을 계속 떠들고
다니고 싶으니까. 마지막으로는, 아무래도 이게 근본적인
것 같은데, 표현 욕구예요. 저는 알아요. 제가 생각이나
감정을 적절하게 표현하지 않으면 병이 나는 사람이라는
것을. 그래서 병에 걸리지 않고 잘 살기 위해 책을 통해서
저를 표현하고 있습니다.

3

**독립 출판은 작가가 곧 제작자이기도 합니다. 작가님의
작업 일과는 어떻게 되나요? 콘텐츠 생산과 제작을 동시에
진행하려면 그야말로 멀티플레이어가 되어야 하는데요.
작가님만의 독립 출판 노하우가 있다면요? 특별히 도움이 된
파트너나 상소가 있나요?**

아침에 회사에 출근해서 저녁에 퇴근하고 집에서
작업을 합니다. 주말에는 카페에 나가서 작업하는데,
최근에는 회사 일이 많아서 주말에 잠만 자느라 진도를
나가지 못했어요. 노하우라고 부를 정도는 아니지만, 출퇴근
시간을 주로 활용합니다. 편도 한 시간 정도 걸리는 출퇴근
길에 스마트폰 메모 앱에 스토리라인을 정리하고, 제목을
정하고, 콘셉트를 구상하고, 글을 써요. 순간순간 떠오르는
아이디어나 생각이 의외로 도움이 되는 경우가 많더라고요.

목표를 좀 낮게 잡는 것도 도움이 됩니다. 제가
그렇거든요. 저는 목표를 낮게 잡고 그것을 달성하면
저 자신에게 보상을 줘요. 가령 하루에 30분 꾸준히 작업하기.
일단 퇴근하고 책상 앞에 앉기만 해도 성공이거든요. 그런데
그게 어렵잖아요. 그렇게 목표를 어마무시하게 두 시간
작업으로 잡지 말고 30분만 잡고 저를 어르고 달래는 거죠.
30분만 작업하면 네가 좋아하는 아이돌 영상 보게 해줄게,
30분만 하고 야식 먹자, 이렇게요. 막상 책상에 앉으면
한 시간은 글을 쓰게 되거든요. 그렇게 은근슬쩍 구렁이
담 넘어가듯이 나를 속이고 달래면서 작업하는 거예요.
써놓고 보니 큰 도움이 안 돼서 죄송하네요.

4

**독립 출판은 독립 서점과 떼려야 뗄 수 없는 관계입니다.
독립 서점에 책을 입고하는 일과 SNS 홍보 등은 어떻게
하고 있나요? 처음 자신의 책을 알릴 때 겪었던 시행착오나
에피소드가 있다면 소개해주세요. 미래의 독립 출판
작가들에게 추천하고 싶은 독립 서점에는 어떤 곳들이
있을까요?**

책을 기획하고 콘텐츠를 만드는 단계에서 본인이
사는 지역의 독립 서점을 많이 방문해보세요. 그 과정에서
시장 조사도 하고, 아이디어도 얻고, 서점 분위기도
파악하고요. 그러다보면 자신의 창작물과 성향이 맞는
서점을 만날 수 있을 거예요. 먼 곳에 있는 서점이라면
SNS나 블로그에 올라오는 책의 종류와 글의 스타일을
살펴보는 것도 도움이 되겠죠.

첫 책 『고양이의 크기』를 펴낼 때는 서점과 처음
인사를 나누는 거라 신경을 많이 썼어요. 서점 로고와 책의
등장인물을 엽서에 같이 그려서 택배에 동봉해서 보내기도
했고요. 서점 사진을 찍고, 그 위에 책에 나오는 고양이를
합성해서 고양이가 책방을 방문한 듯한 느낌을 주려고도
했어요. 아무래도 서점을 운영하는 분들도 사람인지라
책과 저의 이름에 한 번이라도 눈길을 더 주지 않을까 하는
생각으로요. 저는 제 책이 좋았어요. 어떻게든 이 좋은 책을
다른 사람들에게 더 알리고 싶어서 바쁘게 노력했어요.
그렇게 서점과 인연이 만들어지고, 두 번째, 세 번째에는 좀
더 편안하게 메일도 주고받을 수 있게 되었어요.

"첫 책을 내고 무엇이 달라졌는가"를 묻는다면
"두 번째 책을 낼 수 있게 되었다"는 거예요.
첫 책이 '점'을 찍는 행위라면, 두 번째 책은 두 점을
이어 선을 만들 수 있다는 뜻이에요. 선이 생긴다는
것은 흐름이 생긴다는 것이고, 내 길이 생긴다는
겁니다. 첫 번째 책은 길의 시작이죠. 내가 길을
만들겠다는 선언이고요. 책을 계속해서 만들어가는
힘은 복합적인 감정으로부터 비롯된 것 같아요.
낮은 자존감. 이거라도 하지 않으면 나는 아무것도
아니라는 낮은 자기 인식이 책을 만드는 동력이
되었어요. 인정 욕구도 있겠죠. 사람들에게
관심 받고 싶고 인정받고 싶은. 마지막으로는
표현 욕구예요. 저는 생각이나 감정을 적절하게
표현하지 않으면 병이 나는 사람이라는 것을
알아요. 그래서 병에 걸리지 않고 잘 살기 위해
책을 통해서 저를 표현하고 있습니다.

5

**모두가 디자이너인 시대입니다. 독립 출판 역시 제목과 표지
디자인, 타이포그래피 등 디자인에 공을 많이 들이고 있습니다.
실제로 이러한 것들이 판매 부수에 큰 영향을 주기도 하지요.
책을 만들 때 가장 신경 쓰는 점은 무엇인가요? 독립 출판물 중
눈여겨본 책이나 작가가 있다면요?**

콘텐츠를 제외하고 가장 신경을 쓰는 것은
제목입니다. 책도 상품인지라 예비 독자의 눈에 띄어야
하거든요. 그 과정에서 제목이 차지하는 비중이 상당히
크다고 생각합니다. 제목에 대한 감을 키우려고 대형
서점의 베스트셀러 목록을 살펴보곤 합니다. 확실히
어떤 트렌드가 있거든요. 너무 트렌드를 따라가는 것도
뻔하고, 너무 따라가지 않아도 촌스럽고, 그 선을
유지하는 게 어렵지만…… 아무튼 감을 잃지 않기 위해
자주 확인합니다.

최근 눈여겨본 독립 출판물이 너무 많아서 선택이
어렵지만, 그중에서도 임소라 작가의 『도시, 선』시리즈를
인상 깊게 지켜보고 있습니다. 자신의 작업을 '계속'하는
힘을 가진 작가님이에요. 작품이 좋은 건 물론이고요.

**회사 업무와 작가 생활을 병행하면서 가장 힘든 점은
무엇인가요? '서 과장'과 '작가 서귤'을 함께 지탱하는 힘은
어디서 나오나요?**

가장 힘든 건 체력과 시간이 부족하다는 거죠. 정말
치명적입니다. 하지만 장점도 있어요. '서 과장'으로서
안정적인 벌이가 '작가 서귤'의 창작 활동을 자유롭게
해주거든요. 제작비도 조금만 모으면 낼 수 있고, 고료가
적거나 없는 행사에도 내가 원하면 참석할 수 있고, 수익을
고려하지 않아도 내가 하고 싶은 이야기로 콘텐츠를
구성할 수도 있어요. 체력과 시간을 팔아서 돈을 산 것이고,
그 돈이 주는 심리적 안정감으로 창작할 수 있는 운신의
폭을 넓혔다고 보면 되겠죠.

회사 생활의 에피소드와 경험을 창작물로 풀어낼
수 있다는 점도 장점이에요. 기업에 취직해서 일한다는 건
특수직이나 전문직에 비해 보편성이 크잖아요. 그걸 토대로
공감을 이끌어낼 수 있다는 점에서 좋은 점이 있어요.

생각보다 장점이 많네요. 두 사례는 '서 과장'이
'작가 서귤'에게 도움을 준 경우이고, '작가 서귤'도 '서
과장'에게 도움을 줍니다. 회사에서 스트레스를 받아도
집에 가면 '작가 서귤'이잖아요. 나에게는 두 개의 자아가
있고, 회사가 내 전부가 아니라는 사실 덕분에 사회생활이
주는 스트레스에 좀 더 유연하게 대처할 수 있어요.

이건 좀 다른 얘기일 수 있는데, 제가 학생 때는 사회성이
떨어져서 낯선 사람과 문자도 주고받지 못했거든요.
그런데 회사 생활을 하면서 싫든 좋든 단련되다보니
'작가 서귤'로서 여러 파트너 — 책방 주인이나 출판사 관계자,
독자 등등 — 와 커뮤니케이션할 때 도움이 되었어요.
그래서 당분간은 두 자아로 계속 살려고 합니다. 대출금도
갚아야 하고요.

매일 책을 만들면   서귤 작가
작가인 겁니다

『책 낸 자』라는 제목은『고양이의 크기』를 '낸 자'라는
의미와, 그 경험을 한 권의 책으로 '내는' 자라는 의미가 있어서
재밌습니다.『환불 불가 여행』도 여행 앞에 '환불 불가'
딱지를 붙여서 호기심을 자극합니다. 책 제목은 어떻게 짓나요?
준비 중인 네 번째 책 제목을 미리 알려주실 수 있나요?

　　　　　새 책 제목은 아직 공개할 수 없네요. 아직 못
정했거든요! 저는 제목 생각하기가 취미라서 스마트폰
메모장에 지어놓은 제목 리스트가 수두룩해요. 제목을 지을
때마다 내 콘텐츠에 이름표를 달아준다는 기분이 들어요.
그래서 출퇴근 시간에 심심할 때마다 제목을 생각합니다.

작가님은 세세한 일상의 순간을 기록하고 공개합니다.
그와 동시에 독자들도 여러 매체를 통해 작가님의 일상을
볼 수 있습니다. '내가 기록하기 위해 보여주는가, 보여주기
위해 기록하는가'를 고민할 때가 있을 것 같아요. 이를테면
'이렇게 쓰면 너무 이기적으로 보이지 않을까, 하지만 이 선택도
결국 내가 한 건데……'라는 생각으로 자기검열을 한다거나요.
그 사이에서 어떻게 균형을 잡는지 궁금합니다.

　　　　　한때 자기 검열을 꽤나 했는데요. 사실 제가
이 세상에 파급력이 큰 사람은 아니잖아요. 사람들은
언제나 제가 생각하는 것보다 저에게 관심이 없더라고요.
그래서 인간으로서의 자질이 의심될 만한 반인륜적 내용이
아니라면 편하게 씁니다. 물론 '인간으로서의 자질이 의심될
만한 반인륜적인 내용'이라는 기준이 저마다 다르겠지만요.

저는 제가 아무렇게나 글을 올려도 그렇게 이상한 글은
아닐 거라는 최소한의 신뢰가 있어요. 요약하자면, 별생각
없이 막 내키는 대로 기록하고 공개합니다.

　　　　　SNS에 글을 올렸다가 지운 적이 몇 차례 있었어요.
아직 생각이 정리되지 않은 일을 혼란스러운 상태에서
썼더니 댓글로 싸움이 벌어졌거든요. 계속 알림이 오는 게
귀찮아서 지웠습니다. 애초에 제가 정돈된 생각으로 글을
올렸다면 싸움이 일어나지 않았을 테니, 저에게 원인이
있었어요. 제가 좀 더 성숙하고 생각이 깊은 사람이 되면
자연스럽게 저의 콘텐츠도 그렇게 될 거예요. 그럼 해결될
문제겠죠. 지금의 저는 억지로 성숙한 인간이 될 수 없고,
괜찮은 사람인 '척'하는 것도 어려우니까, 현재를 인정하고
모자란 대로 표현하고 싶은 걸 표현하려고 합니다.

책을 기획하고 콘텐츠를 만드는 단계에서
독립 서점을 많이 방문해보세요. 시장 조사도 하고,
아이디어도 얻고, 서점 분위기도 파악하고요.
자신의 창작물과 성향이 맞는 서점을 만날 수
있을 거예요. 제가 콘텐츠를 제외하고 신경을 쓰는
것은 제목입니다. 책도 상품인지라 제목이 차지하는
비중이 상당히 커요. 제목에 대한 감을 키우려고
대형 서점의 베스트셀러 목록을 살펴봅니다.
어떤 트렌드가 있거든요. 너무 트렌드를 따라가는
것도 뻔하고, 너무 따라가지 않아도 촌스럽고,
그 선을 유지하는 게 어렵지만…… 감을 잃지 않기
위해 자주 확인합니다.

『책 낸 자』에는 "매일 책을 만들면 작가인 거예요"라는 말을
듣고 자극을 받아 처음 작가의 길에 도전했다는 내용이
나옵니다. 2년이 지난 지금, 이미 세 권의 책을 펴낸 작가로서
'작가'란 무슨 일을 하는 사람인가요?

모든 사람들이 세상을 각자의 방식으로
해석하잖아요. 그런데 그 해석한 내용을 굳이 다른
사람들에게 공유하고 공감받고 싶어 하는 욕구가 굉장히
강한 사람들이 작가가 되는 것 같아요. 그 매체가 저에게는
책이고요.

작가님의 세계에서 표정의 존재감이 작지 않다는 느낌을
받곤 합니다. 책에도 종종 '얼굴 없는 사람'이 나타나 마음을
서늘하게 할 때도 있고, 등장인물의 얼굴 표정이 아주
생생하고 리얼하게 묘사될 때도 있어요.『책 낸 자』에서도
책을 내기 직전에 작가님의 얼굴은 없어졌고, 내고 나서야
새로운 얼굴을 획득하였고요. 표정을 그릴 때 작가님은
어떤 생각을 하면서 묘사하나요? 특별히 신경 쓰는 부분은
무엇인지 궁금합니다.

사람은 동그라미 두 개랑 작대기 하나만 있어도
본능적으로 거기에서 얼굴 표정을 찾아내잖아요. 우리가
매일 수없이 보는 게 표정이에요. 그러니 그 표정을
잃어버린다는 것은 굉장한 상실이에요.『고양이의
크기』에서는 그게 인간성의 상실이라고 생각했고,
『책 낸 자』에서는 소통의 상실이라고 생각했어요.

저를 돌이켜보면 일할 때는 상대의 표정이 보이지
않더라고요. 분명 얼굴을 보고 이야기했는데 표정이 기억에
남지 않아요. 그냥 정해진 매뉴얼대로 대처하고
행동하니까 표정이라는 일차원적인 감정 표현의 매체가
개입할 여지가 없는 거죠. 상대를 인간이 아니라 수단으로
보는 거죠. 내가 칼퇴하도록 일을 빨리 처리해줄 수단,
월급 받도록 프로젝트를 도와주는 수단. 그렇게 느끼다
보니 스스로 비인간적이고 소통 불능의 상태에 놓여 있다는
생각이 들었어요. 그런 걸 책에서 표현하고 싶었어요.
　　　사실 이렇게 인간성이니 소통이니 써놓고 보니까
되게 멋있는 의도로 한 것 같지만, 만들 당시에는 별생각이
없었어요. 감히 표정이 있는 게 용서가 되지 않았어요.
고양이를 제외하고는.

서귤 작가가 뽑은 2018 독립 출판물

『캐서린 666』
우세계

전작에서부터 꾸준히 자기만의 유머러스한 호러의 세계를
만들어가고 있는 우세계 작가의 작품. 그의 필명처럼
하나의 '세계'를 형성하면서 독립 출판계를 더 풍성하게 해주는
작품입니다. 피식피식 쉴 새 없이 웃음을 불러일으키는 공들인
헛소리가 너무 좋아요.

작가와 책방 사이,
나만의 리듬을 찾고 싶어요

유재필 작가 『소심한 사람』
『원래 그렇게 말이 없어요?』
『나약한 인간이 삶을 버티는 방법』

인터뷰 오하림

여러분들의 재미난 책 기대하겠습니다!

▮

『우리, 독립 출판』이 나온 지 2년이 되었습니다. 그간 출판과
매체를 둘러싼 환경도 급변했습니다. 1인 미디어는 이제
'크리에이터'라고 불리며 기존 미디어 환경에서 새로운 입지를
굳혀가고 있습니다. '독립'과 '1인'은 작지만 단단한
'콘텐츠 크리에이터'로 주목받고 있지요. 독립 출판 역시
이러한 흐름 속에 있습니다. 자신의 첫 콘텐츠를 독립
출판으로 낸 계기가 궁금합니다.

　　　　　저의 첫 콘텐츠라고 하면 싸이월드에 조금씩
올렸던 일기였습니다. 2007년에서 2010년 사이 조금씩
적었던 글이었는데요. 싸이월드에 저의 감성과 생각을
가끔씩 올렸습니다. 순간순간 스치는 기분과 글에 어울리는
배경음악을 고르는 것도 쉽지 않았죠. 생각해보니 그때의
기억으로 돌아가면 상당히 순수했다는 느낌이 듭니다.
지금의 나는 그렇게 적을 수 있을까. 아무래도 힘들 것
같아요. 제가 독립 출판으로 냈던 수필집이 세 권인데요.
가끔 물어보는 사람들이 있어요. 세 권 가운데 어떤 게
제일 마음에 드느냐고 말입니다. 그러면 저는 곰곰이
고심하다가, 결국 첫 번째 책『소심한 사람』을 꼽게
되더라고요.『소심한 사람』의 글이 가장 마음에 들고,
제일 괜찮은 콘텐츠가 아닐까 하는 생각이 들어요.

　　　　　아, 독립 출판으로 책을 펴낸 계기를 물어본 건데
처음부터 딴소리를 주절거리고 있었네요. 죄송합니다.
제가 요즘 책방 일로 정신없어서…… 종종 이러네요.
이해해주세요. 그러니까 저는 그냥 배 아파서 냈습니다.

2012년에 제 친구가 《록'셔리》라는 이상한 잡지를
만들어서 독립 서점에서 판매하고, 뭐 그냥 굉장히 재미난
일을 하는 것 같은데, 옆에서 보니깐 배가 아프더라고요.
저런 재미난 일을 먼저 하고 있는 게 배 아프고 부럽고,
그러다보니 저도 하고 싶었어요. 책을 낸 이유가 정말
별거 없죠. 때마침 저도 싸이월드에 적어둔 글이 있었어요.
제가 싸이월드 게시판에 글을 올리면 조회수도 썩 나쁘지
않고, 댓글도 꽤 달리고, 제 글을 읽는 분들이 재미있어
하는 것 같았거든요. 그래서 나도 수필집을 만들어보자는
생각으로 만들어서 독립 서점에 넣었습니다. 계기가 참
별것 없어서 민망하네요.

2

책을 내기 전과 후의 나는 어떻게 달라졌는지 궁금합니다.
독립 출판물을 펴낸 이후 삶에 어떤 변화가 생겼나요?

　　　　　독립 출판물을 펴내고 일어난 삶의 변화 가운데
사소한 것을 하나 꼽자면, 주변에서 '작가'라고 불러주는
것? 이게 독립 출판물을 펴내기 전의 삶과 펴낸 후의
삶에서 확실히 눈에 띄는 부분이겠죠. 하지만 저는 제가
'작가'는 아니라고 생각하기 때문에 그런 말을 들으면 좀
불편해요. 그래서 그런 거 말고, 음…… 저에게 일어난 기분
좋은 변화를 말할 수 있으면 좋을 것 같아요. 저는 그게
좋았어요. 독립 출판물을 펴내고 나도 내가 '순수하게
좋아하는 것'이 있다는 사실. 너무 좋더라고요. 사실 저는
대학에서 시각디자인을 공부하고 삶의 많은 시간을
디자인 관련 일을 하며 살아왔습니다. 디자인이 너무
좋았죠. 잘하고 싶었고, 디자이너로서 성공해서 유명해지고
돈도 많이 벌고 싶었죠. 그런데 디자인은 내가 그렇게
좋아하는 일이지만 노력한 만큼 돌아오는 가시적인 성과가
잡히지 않아서 좌절하게 되더라고요. 좋아하는 일을
하는데도 불구하고 지치고 스트레스도 받고요. 더군다나
회사라는 틀에서 일을 하다보면 '디자인'이 꼴도 보기
싫을 때가 많았던 거죠.

하지만 독립 출판물을 펴내는 일은 달랐어요. 좋아하는
일이지만 목숨 걸고 잘해야 할 필요가 없는 거죠. 이 일이
나로 하여금 돈을 벌라고 채찍질도 하지 않아요. 물론
살하고 싶긴 하죠. 히지만 돈을 벌어야 하기 때문에 잘해야
되는 게 아니잖아요. 독립 출판물은 누구나 좋아하면
그냥 하면 돼요. 독립 출판물이 숨구멍을 터주는 느낌이
있더라고요. 사는 게 너무 빡빡한데 내가 이렇게
뭘 바라지 않고, 재미도 있고, 잘하고 싶은 게 있다는
사실이 위안을 주는 부분이 있어요.

3

**독립 출판은 작가가 곧 제작자이기도 합니다. 작가님의
작업 일과는 어떻게 되나요? 콘텐츠 생산과 제작을 동시에
진행하려면 그야말로 멀티플레이어가 되어야 하는데요.
작가님만의 독립 출판 노하우가 있다면요? 특별히 도움이 된
파트너나 장소가 있나요?**

　　　　　이번 질문에서는 정말 형편없는 대답을 들려드릴
것 같아요. 우선 저는 꾸준히 콘텐츠를 만들어내지
못해요. 만들어내고 싶지 않은 건 아니에요. 다른 멋진
제작자들처럼 꾸준히 만들고 싶은데 능력이 안 되는 것
같아요. 참 슬픈 일입니다. 그래서 저는 따로 작업 일과가
없어요. 현재 서점 '오혜'를 운영하고 있는 저는 온종일
서점 일을 하는 것만 해도 정신이 없어요. 서점 일을 하면서
'이건 어떨까, 저건 어떨까' 머릿속에서 구상 중이에요.
아, 최근부터는 여자 친구와 함께 서점 일을 하는데,
둘이서 머리를 맞대고 구상을 많이 해요. 때가 되면 언젠가
결과물이 나오지 않을까 합니다. 그때는 제작자 '유재필'이
아닌 '오혜'라는 이름으로 무언가를 만들고 싶어요.

　　　　　독립 출판을 잘하는 노하우라고 하면 (저도 잘하지
못하는 상황에서 말하기가 민망하지만) 다른 제작자들의
책을 많이 관찰하는 게 좋은 방법이 아닐까 해요.
독립 출판물에서 특별히 눈여겨볼 만한 건 제책, 인쇄 등
제작 부분에서 특이한 책을 발견할 수 있어요.
시간 날 때마다 독립 서점에 자주 들러서 이번에는
어떤 책이 나왔는지, 독특하고 특이한 책들을 살펴보고,
자기 것으로 소화시키려고 노력하는 것도 좋을 것 같아요.

내가 '순수하게 좋아하는 것'이 있다는 사실.
독립 출판물을 펴내고 그것을 확인할 수 있어서
좋았어요. 독립 출판은 좋아하는 일이지만
목숨 걸고 잘해야 할 필요가 없어요.
돈을 벌라고 채찍질도 하지 않아요. 물론 잘하고
싶죠. 하지만 돈을 벌어야 해서 잘해야 되는 게
아니잖아요. 독립 출판물은 누구나 그냥 하면 돼요.
독립 출판물이 숨구멍을 터주는 느낌이 있어요.
사는 게 너무 빡빡한데 내가 이렇게 뭘 바라지 않고,
재미도 있고, 잘하고 싶은 게 있다는 사실이
위안을 줍니다.

작가와 책방 사이,
나만의 리듬을 찾고 싶어요

유재필 작가

4

**독립 출판은 독립 서점과 떼려야 뗄 수 없는 관계입니다.
독립 서점에 책을 입고하는 일과 SNS 홍보 등은 어떻게
하고 있나요? 처음 자신의 책을 알릴 때 겪었던 시행착오나
에피소드가 있다면 소개해주세요. 미래의 독립 출판
작가들에게 추천하고 싶은 독립 서점에는 어떤 곳들이
있을까요?**

맞습니다. 독립 출판은 독립 서점과 떼려야 뗄 수
없는 관계죠. 저 역시 책이 나오면 가장 먼저 독립 서점에
입고 문의를 합니다. 독립 서점 사장님들이 입고를
수락해주면 정말 고맙고, 거기다 SNS에서 홍보해주고
신경을 써주시면 정말 감사한 일이죠. 하지만 독립 서점을
제외하면 이렇다 할 홍보는 어려운 게 사실이에요. 전국에
독립 서점이 많이 생겼다고 하지만, 제작자 입장에서도
입고하고 싶은 서점이 있고, 그렇지 않은 서점이 있을 테고요.
독립 서점 사장님들이 공간의 한계를 이유로 모든 책을 받을
수는 없거든요. 그래서 독립 출판물을 내고 나서 홍보와
유통을 독립 서점만을 바라볼 게 아니라 다른 창구를 찾는
것도 좋겠어요. 물론 뾰족한 방법이 없는 것 같긴 해요. 돈을
내고 광고하는 것도 부담스럽고, 결국 스스로 많은 노력을
기울일 수밖에 없어요. 최근 들어 저는 독립 서점만 바라볼
게 아니라 자신이 제작한 책(콘텐츠)을 대형 서점에 유통하는
것도 좋겠다는 생각을 해요. 유통 과정이 생각보다 어렵지
않거든요. 어떤 책방에서는 <독립 출판 제작자들을 위한
대형 서점 유통 가이드>라는 워크숍도 하더라구요. 관심을
가지고 확인해보는 것도 좋겠습니다.

미래의 독립 출판 작가들에게 추천하고 싶은 독립
서점이라…… 음, 어렵네요. 일단 서울시 은평구에서는
'오혜'라는 책방을 추천하고 싶어요. 다음으로는 제가
책방 이름을 거론하기는 어렵고요. 저도 제작자 입장에서
조심스럽게 말씀드린다면 아무래도 책 홍보에 신경을
써주는 책방을 추천하고 싶죠. 독립 출판으로 책을 내고
홍보할 창구가 많지 않잖아요. 책방에 입고했을 때
내 책을 관심을 가지고 SNS에 해시태그라도 걸어주는
서점에 입고하면 좋죠. 그게 얼마나 도움이 될까 싶지만,
그냥 기분인 거죠. 신경 써준다는 느낌도 들고, 기분이
아무래도 좋죠.

5

모두가 디자이너인 시대입니다. 독립 출판 역시 제목과 표지
디자인, 타이포그래피 등 디자인에 공을 많이 들이고 있습니다.
실제로 이러한 것들이 판매 부수에 큰 영향을 주기도 하지요.
**책을 만들 때 가장 신경 쓰는 점은 무엇인가요? 독립 출판물 중
눈여겨본 책이나 작가가 있다면요?**

가장 신경 쓰는 부분은 아무래도 글의 내용이겠지요.
다작을 하고 싶은 마음이 있어도, 글의 내용이 마음에
들지 않으면 책을 내기가 망설여져요. 그다음으로 표지가
중요한 것 같아요. 아무리 내용이 좋아도 표지에서
그 책을 펼쳐보고 싶은 마음이 들지 않는다면 안타깝잖아요.
그래서 가장 중요한 건 내용, 그에 못지않게 중요한 건
표지 디자인이라고 생각해요. 둘 다 중요해요. 반대로
내용과 콘텐츠는 별로인데, 겉에 디자인만 번지르르하게
해놓은 책도 별로죠. 제가 책방을 운영하면서 느낀 건데요.
책을 제작하는 과정에 중요하지 않은 과정이 어디 있나를
생각해요. 예전에는 미처 느끼지 못했던 유통도 중요하다는
걸 느껴요. 마케팅도 너무 중요해요. 저도 이 부분을
간과했는데, 정성껏 만든 내 책이 잘 팔리면 좋잖아요.
그래서 마케팅과 유통에 대해서도 관심을 가지고
공부하고 있어요.

최근의 독립 출판물 가운데 가장 기억에 남는 책은
박혜미 작가의 『나의 우울 시리즈』예요. 정신과 상담소에서
50분 동안의 상담 내용을 기록한 책인데요. 같은 시간대에
오가는 대화를 두 권으로 나누어 담았어요. 책 한 권에 다시
두 권으로 구성되어 있는 거죠.

'오늘은 어땠나요?' 하고 묻는 상담자의 말이 한 권,
'오늘도 모르겠어요'라는 내담자의 말이 한 권으로
구성되었어요. 예전부터 자기만의 그림 세계를 가지고
있는 작가라서 인상 깊게 보았던 작가분인데, 최근에
이런 멋진 책이 나왔더라고요. 책의 구성도 좋지만, 저는
'오늘도 모르겠어요'라는 내담자의 말이 담긴 책 제목에
확 꽂히더라고요. 저 같으면 '오늘도 그냥 그랬어요'라는
제목을 생각했을 것 같은데, '오늘도 모르겠어요'라는
문장이 확 다가오더라고요. 최근에 만난 책 가운데 최고의
제목이 아닌가 합니다. '오늘도 모르겠어요.'

작가와 책방 사이,
나만의 리듬을 찾고 싶어요

유재필 작가

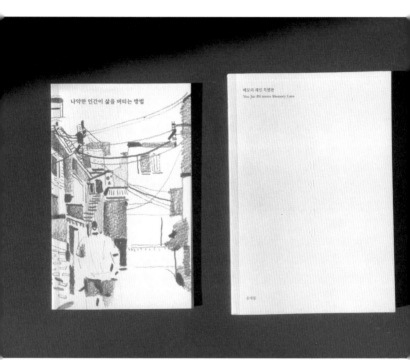

원래 그렇게
말이 없어요?
재필씨는
원래 그렇게
말이 없어요?
네, 네?
원래 그렇게
말이 없어요?
재필 씨는
원래 그렇게
말이 없어요?
네_네?

**본래 그래픽 디자이너로 활동하셨는데 책방을 열게 된 계기는
무엇인가요? 책방 이름 '오혜'는 어떤 의미를 담고 있나요?**

　　　　　대단한 계기라 할 것이 없습니다. 회사를 몇 번
다녀봤는데 너무 괴로웠습니다. 단순히 먹고살아야 하니까,
돈이 필요하니까 다닌 거죠. 누구나 그렇겠지만
늘 고민되었어요. 내가 이 회사를 언제까지 다닐 수 있을까.
이렇게 참고 다녀서 나중에 마흔 살에 그런 생각이 들지
않을까? 지금의 회사 사업주를 위해 돈을 받고 바친 내
30대의 (지난) 시간이 너무 아깝지 않을까? 그건 지나면
되돌릴 수 없잖아요. 언젠가는 결심해야 할 때가 올 거라고
했는데, 그게 2017년 여름이었죠. 마침 통장을 보니 돈이
조금 쌓여 있더라고요. 통장에 찍힌 돈을 보면서 이걸로
내가 뭘 할 수 있을까? 뭘 하면 다시는 내가 다른 사람의
회사에 귀속되지 않고 자립해서 돈도 살 만큼 벌 수 있을까
생각했어요. 거기에 재미도 조금 느껴가면서 말이죠.
그나마 내가 잘할 수 있는 일이 무엇일까 고민한 끝에
책방을 열었어요. 그동안 독립 출판물도 몇 권 냈고,
책 읽는 걸 좋아하고, 혼자 있는 시간을 좋아하고,
웹디자인을 오래 했으니까 혼자 서점을 운영하면 재미도
있고 잘할 수 있겠다고 판단한 거죠. '재미도 느끼고, 내가
가장 잘하는 일을 하면 먹고는 살겠지.' 그런 생각으로
마음을 다잡고 시작했어요.

책방 이름을 정하는 건 상당히 고민이 많았어요. 처음엔 '오혜'가 아니라 '오해'라고 지었는데요. 왜 우리가 흔히 하는 말 '오해하다'의 '오해'요. 저는 사람들이 뉴스를 보거나 책을 읽거나 일상에서 완전히 알았다고 하는 모습이 싫거든요. 자신이 오해힐 수 있다는 가능성을 전혀 염두에 두지 않는, 일종의 맹목적 믿음과 확신은 정말 위험한 일이에요. 예컨대 사이비 종교 목사의 말을 절대적으로 믿는 신자처럼요. 자신이 100퍼센트 옳다고 확신하는 행동 말이죠. 자신이 믿는 목사가 틀린 말을 할 거라는 여지가 없는 확신 말이죠. 신뢰받는 TV 속 앵커의 말이더라도, 학계 권위자의 말이더라도 무조건 받아들이는 건 위험하다고 생각해요. 우리가 정말로 무언가를 안다고 말할 수 있는 건, 어느 한편에 '잘(제대로) 모르고 있다'는 여지를 남겨둘 때 비로소 제대로 된 앎에 다가갈 수 있다고 보거든요. 누구죠? '내가 유일하게 알고 있는 것은 내가 아무것도 모른다는 것이다'라고 말한 사람이 있잖아요. 제 말이 그런 말이에요. 친구들 중에서도 '잘 알지도 못하면서' 우기는 녀석들을 보면 짜증나고, 자기가 틀릴 수 있다는 여지를 두지 않는 친구를 보면 갑갑해요. 그래서 그 말을 좋아했어요. "아, 오해했다." '오해'라는 그 말이요.

아무튼 책방 이름을 '오해'라고 지어놓고 친구들의
반응을 살폈어요. 그런데 하나같이 '오해'라는 단어가
부정적이어서 좋은 반응이 아니더라고요. 이거 어쩌지,
고민됐죠. 그러면서 노트에 '오해' '오혜' '오헤이'……
낙서처럼 끄적거리다가 '오혜'를 저어봤는데 의미 없이
적은 낙서였지만 뭔가 예쁘더라고요. 입안에서 발음되는
모양도 예쁘고. 그래서 의미를 제가 넣어보려고, '오'와
관련된 한자와 '혜'와 관련된 한자를 찾았는데요. '만나다
오'가 있고, '진실한 말 혜' 이런 한자가 있더라고요. 그래서
자식 이름 짓듯이 지었는데 정말 마음에 들더라고요.
제가 평소 책을 많이 읽지 않지만 그래도 소설은 꽤 읽는
편인데요. 소설을 읽다가 마음에 깊숙이 남는 문장을 만날
때가 많거든요. 제가 여는 책방도 사람들이 찾아와서
책을 보다가 마음에 남는 글이나 그림을 만나는 장소가
되었으면 좋겠다는 생각으로 지었어요. 지금도 '오혜'라는
이름이 마음에 들고, 잘 지었다고 생각해요.

다른 제작자들의 책을 많이 관찰하는 게 좋아요.
시간 날 때마다 독립 서점에 들러서 어떤 책이
나왔는지, 제책, 인쇄 등 제작이 독특한 책을
살펴보고 자기 것으로 소화시키면 좋을 것 같아요.
저는 글의 내용을 가장 신경 씁니다. 내용이 마음에
들지 않으면 책을 내기가 망설여져요. 그다음으로
표지가 중요한 것 같아요. 아무리 내용이 좋아도
표지에서 그 책을 펼쳐보고 싶은 마음이 들지 않으면
안타까워요. 반대로 내용과 콘텐츠는 별로인데, 겉에
디자인만 번지르르한 책은 별로죠. 제가 책방을
운영하면서 느낀 건데요. 책을 제작하는 과정에
중요하지 않은 과정이 어디 있나를 생각해요. 유통과
마케팅도 중요해요. 정성껏 만든 내 책이 잘 팔리면
좋잖아요.

『원래 그렇게 말이 없어요?』를 읽어보면 굉장히 솔직한
감정과 사적인 이야기를 담담히 담았다는 걸 느낍니다. 지극히
사적인 이야기를 책으로 담아내는 것에 부담은 없었나요?
책을 펴내고 주위 사람들의 반응은 어땠나요?

　　　　　특별히 부담은 없어요. 그냥 솔직하게 적고 싶어요.
한낱 야동이나 보면서 느끼는 것이 있어서 적었고,
그냥 그런 사람이니까 책에도 제 모습 그대로 담는 거죠.
글을 쓰는 일은 여럿이 함께하는 게 아니잖아요. 혼자만의
시간에 책상에 앉아 자신의 내면과 마주하고, 살펴보고
적는 거잖아요. 그래서 글은 누구나 솔직하게 쓰는 게
아닐까 생각해요. 뭐하러 종이 낭비, 시간 낭비하면서
거짓을 공들여 적겠어요?

　　　　　책을 내고 난 후 주변 반응은 처음『소심한 사람』을
냈을 때는 신기해하고 축하해주었는데『원래 그렇게 말이
없어요?』와『나약한 인간이 삶을 버티는 방법』을 냈을
때는 아무 반응 없던데요. 그냥 책 냈나 보다 하더라고요.
요즘 많은 사람들이 독립 출판물을 내잖아요. 그래서
특별히 신기할 일도 아니고, 별 반응이 없는 것 같아요.

작가와 책방 주인 사이에서 어떻게 균형을 유지하고 있나요?

　　　　요즘 저의 최대 고민이에요. 책방을 하면 글을 많이
쓸 줄 알았죠. 책과 좀 더 가까이하는 삶이 된다면 더 많이
읽고, 마음에 드는 글을 더 쓸 거라고 생각했는데 완전히
착각했던 거죠. 터무니없는 생각을 했던 거예요. 오히려
책방으로 쏟아지는 책들에 묻혀 아무것도 못하고 있어요.
도와주세요. 어떻게 하면 작가와 책방 주인 사이에서
균형을 찾을 수 있을까요? 저는 훌륭한 책방 주인보다는
좋은 글을 쓰는 작가가 되고 싶어요. 좋은 작가가 되고
싶은 자에게는 다양한 경험이 필수잖아요. 그런데 책방에
묶여 다양한 경험을 못하는 게 아닐까, 라는 생각이 저를
괴롭히고 있습니다. 그런데 어쩔 수 있겠습니까. 지금 처한
환경을 핑계로 책방을 그만둘 것은 아니잖아요. 작가와
책방 주인 사이에서 균형을 찾는 게 제게 주어진 숙제예요.
반드시 해결하고 싶은 숙제죠. 어떻게든 되겠죠. 해결할
겁니다. 다행이라고 해야 할까. 마침 영화 <패터슨>을
봤어요. 저도 패터슨처럼 쓸 거예요. 매일 도돌이표처럼
버스 운전을 하고 맥주를 마시는 지루한 삶이지만,
자신만의 리듬으로 시를 쓰잖아요. 저도 나만의 리듬을
찾고 싶어요. 오혜를 운영하는 동안 글을 많이 쓰고 싶어요.

책방과 SNS를 살펴보면 '파란색'을 주요 색조로 사용하고 있어요. 배성태 작가가 그린 『원래 그렇게 말이 없어요?』 표지에도 파란색이 아름답게 사용되었고요. 작가 이전에 디자이너로서 이 색에 대한 남다른 애정이 느껴지는데요. 작가님에게 파란색은 어떤 의미가 있나요?

글쎄요. 파란색은 마치 운명 같아요. 원래 특별히 좋아하는 색은 아니었어요. 그런데 1-2년 전부터 이상하게 파란색 계열 옷을 많이 사고, 모자를 쓰고, 신발도 신고 있더라고요. 저도 의아했어요. 어느 날 옷장을 봤더니 파란색 옷이 너무 많은 거예요.

그런데 서점 인테리어를 계획할 때 파란색에 대해서는 잊고 있었어요. 특별히 어느 색깔을 주요 컬러로 해달라고 주문하지 않았다는 거죠. 그런데 제가 특별히 요청한 것도 아닌데, 소목장 세미 작가님이 책방 인테리어 시안에서 포인트 컬러를 '파란색'으로 보여주더라고요. 그 시안에 담긴 색이 너무 마음에 드는 거예요. 그래서 어쩌다보니 오혜 브랜드의 포인트 컬러는 '파란색'이 되었고, 그걸 잘 활용하려고 노력 중이죠. 이제 저에게 파란색은 제일 좋아하는, 좋아할 수밖에 없는 색이 되었어요.

**'책방 오혜'는 책과 음반을 함께 판매하고 있습니다.
음악을 좋아해서 책방에서 공연도 기획한다고 들었습니다.
작가님만의 플레이리스트를 소개한다면요?
앞으로의 활동 계획도 궁금합니다.**

　　　　네, 맞습니다. 제가 오랜 시간 머물고, 좋아하는
공간에서 제가 좋아하는 작가의 책을 판매하는 일은 기분
좋은 일이죠. 제가 좋아하는 뮤지션의 음반을 판매하는 것도
꼭 그만큼 좋습니다. 많은 사람들이 좋아하는 뮤지션일
거예요. 저는 김일두를 아주 좋아합니다. 그래서 책방을
시작하기 전부터 김일두의 음반을 갖다 놓고 판매하고
싶었죠. <곱고 맑은 영혼> 앨범의 모든 곡을 추천하고
싶어요. 아직 들어보지 못한 사람도 분명 있겠죠.
들어보세요.

　　　　제가 이리저리 찾아보다가 우연히 알게 된 웨스턴
카잇의 <subtitle> 앨범도 추천하고 싶어요. 이 앨범은
온·오프라인을 포함해 오혜에서만 판매하는 앨범으로
알고 있어요. 그런 이유에서 책방에서 아주 많이 판매된
앨범이기도 해요. 사실 저는 글을 쓰고자 하는 사람인데,
이상하게 너무 좋은 노래는 글로 어떻게 표현해야 할지
모르겠어요. 그냥 이 말밖에 할 수 없네요. '너무 좋아요.
꼭 들어보세요.'

　　　　마지막으로 '오혜 라이브'라는 기획으로 책방에서
공연을 선보였던 조용호의 <새로운 마을>, 임현정의 <빛이
모여드는 곳에>, 이태훈의 <내게 보이기 시작한> 앨범을
소개하고 싶어요. 왜 그런 앨범이 있잖아요.

앨범 속 모든 곡들이 너무 좋은 앨범이고, 정말 나만 알고
싶은 앨범이자 뮤지션이어서 누가 소개해달라고 하면
소개해줄까 말까 고민하는 앨범. 제가 진짜 알려주기
너무 아까운데 알려주는 거예요. 들어보세요.

유재필 작가가 뽑은 2018 독립 출판물

『작고 확실한 행복, 카레』

노래

올해의 독립출판물로 꼽을 만한 책이 너무 많아 고민되지만,
저는 노래 작가의 『작고 확실한 행복, 카레』를 선택하고 싶습니다.
여행하는 동안 작가가 기록하는 즐거움이 독자에게도 생생히
전달되는 점이 좋았고요. 식상한 여행이 아니라 '카레'라는
주제로 떠난 여행을 따라가다보면 절로 군침이 돕니다.
저도 그랬고, 이 책을 끝까지 읽고 나면 반드시 카레 한 그릇이
먹고 싶어질 거예요.

다시
책을 읽는
사람들

윤동희
북노마드 대표

사람들은
왜 다시
책을
읽는 걸까?

독서는 누구나 하려고 하는 것을 저어하게 만들고,

누구나 이미 하는 것에 본능적으로 등을 돌리게 만든다.

책을 읽는 사람들은 필연적으로 시대를, 세상을,

국가를, 사회 체제를, 문화를, 삶을 생각하게 되어 있다.

서점에서 책을 사지 않고 책을 찍은 사진만 SNS에 올려도,

몇 줄만 읽고 해시태그를 남발해도 그 사람 곁에

책이 있(었)다는 사실이 중요하다.

그것이 삶의 행복이 물질에 종속된 지금-여기를

살아가는 우리의 독서법일 수도 있다.

스티브 잡스의 아이폰 번호가 두 자리가 된 십여 년 동안
세계가 잃은 것은 책을 읽는 사람들이었다. 스마트폰의
순항은 종이책과 등을 맞대고 있다. 사람들의 일상에서
책은 추방되었다. 나와 같이 책을 만드는 사람은
스마트폰에 대한 애증의 양가감정을 마음속에 묻어두어야
했다. 전자책, 킨들, 아마존, 넷플릭스…… 책을 둘러싼
매체와 플랫폼의 변화, 책보다 월등히 재미있는 콘텐츠의
향연 속에서 책과 독서에 관한 인류의 끝없는 갈망은
이제 종언을 고하는 듯했다.

　　　　　그러나 책을 만드는 이들조차 예상하지 못했던
일이 일어났다. 스마트폰은 사람들로 하여금 어느 시대보다
많은 것을 읽게 만들었고, 사람들로 하여금 계속해서 글을
쓰게 만들었다. 때론 긴 글로, 때론 짧은 글로, 때론 댓글로,
때론 해시태그로…… 사람들은 읽고 써내려갔다. 계속해서
쓰다보니 나만의 책을 만들고 싶었다. 기왕이면 기성
출판사를 통하지 않고 내가 직접 쓰고, 만들고, 유통시키고
싶었다. 때마침 2009년을 기점으로 도시 구석구석에
독립 서점이 생겨났다. 홍대 앞에서 지금은 연희동으로 옮긴
독립 서점 '유어마인드'가 무게중심을 잡아주었다.
기성 작가들과 출판사들이 미처 감지하지 못했던 삶에
대한 섬세한 관찰을 가능하게 해준 책들의 입소문은
SNS가 도맡았다. 다행인 걸까, 불행인 걸까. 시대는 저성장,
장기침체로 접어들었다. 꼰대, 미투, 페미니즘, 젠더, 우울,
퇴사 등 세상을 견디는 힘으로 쓴 독립 출판의 독특한
스토리텔링에 젊은 독자들이 마음을 열었다.

출판사들도 뒤늦게 반응하기 시작했다. '쏜살문고'
'아무튼 시리즈' 등 동네 서점, 독립 서점을 염두에 둔
기획이 쏟아졌다. 한국과 일본의 독립 서점 문화를 다룬
책들만으로 서점의 매대를 채우게 되었다. 새 책을 펴낸
작가들이 독자들을 가장 먼저 만나는 공간도 독립 서점으로
바뀌었다. 독립 출판과 독립 서점, 이 짝짓기를 통해 우리는
알게 되었다. 지성의 문화를 향한 엄숙한 발걸음이 한결
경쾌해졌다는 것을, 사람들이 다시 책을 읽게 되었다는 것을,
아니 여전히 책을 읽고 있었다는 것을.

　　　　물론 사람들이 책을 읽게 된 것이 아니라 책이라는
문화를 소비하는 것이라는 의견도 있다. 취업이 인생의
목표가 되어버린 청춘에게 독립 서점은 맛집, 카페 같은
'핫플'일 뿐이고, 책은 잘 찍은 음식과 커피 같은 '굿즈'라는
것이다. 틀린 얘기는 아니다. 그러나 세상은 언제나
두 바퀴로 굴러왔다. "우리는 자신이 어떤 존재이고 어디쯤
서 있는지를 살피려고 우리를 둘러싸고 있는 세계를
읽는다"는 알베르토 망구엘(『독서의 역사』)과 "기존의
사고방식이나 생활 방식을 현실 속에서 성찰한다거나
변화시키는 활동과는 거리가 멀다면 독서는 취미가
될 수 없다"는 무라카미 류(『무취미의 권유』)의 서로
다른 목소리에 귀를 기울여야 한다. 어떤 이에게 책을 읽는
것은 자신과 세상을 이해하려는 지적 노동일 수 있고,
어떤 이에게 책을 읽는다는 것은 숨 쉬는 행위만큼이나
필수적일 수 있지만, 반대로 어떤 이에게 책을 읽는 것은
인스타그램에 자신을 드러내는 브랜딩일 수도 있다.

책을 만들어 밥을 벌어먹고 사는 사람으로서 나의 생각을
조심스럽게 말하자면 사람들이 다시 책을 읽게 된 것은
아니라는 것이다. 책이 귀했던 시대에도, 책이 넘쳐나다
못해 인스타그램에 소비되는 지금도, 어느 시대를
막론하고 책을 읽는 사람은 읽지 않는 사람보다 적었다.
그 소수의 사람들이 시대의 물결에 떠내려가지 않고,
책의 물질성의 변화를 의식하지 않고 늘 읽어왔다고 나는
믿는다. 책을 읽는 사람들이 변함없이 책을 읽는 가운데,
스마트폰과 SNS가 만들어내는 동시대적 풍경을 향유하는
데 '책'만 한 아름다운 매체가 없다는 것을 실감한
사람들이 '추가'된 거라고 나는 생각한다.

　　　　분명한 것은 인류의 역사에서 책을 읽는 사람은
언제나 '소수'라는 것이다. 독서는 누구나 하려고 하는 것을
저어하게 만들고, 누구나 이미 하는 것에 본능적으로 등을
돌리게 만든다. 책을 읽는 사람들은 필연적으로 시대를,
세상을, 국가를, 사회 체제를, 문화를, 삶을 생각하게 되어
있다. 서점에서 책을 사지 않고 책을 찍은 사진만 SNS에
올려도, 몇 줄만 읽고 해시태그를 남발해도 그 사람 곁에
책이 있(었)다는 사실이 중요하다. 그것이 삶의 행복이
물질에 종속된 지금-여기를 살아가는 우리의 독서법일
수도 있다. 나날이 높아지는 삶의 속도에서 이탈해
상실감만 짙어지는 사람들이 책을 소비하는 행위로
행복할 수 있다면 괜찮지 않은가. 책을 진지하게 읽는
사람을 무조건 지지하는 것도, 책을 가볍게 소비하는
사람을 무작정 혐오하는 것도 올바른 접근 방식이 아니다.

자기의 이상형은 다르지만 누군가를 사랑하는 것은
동일할 테니 말이다.

　　　아무튼 사람들이 책을 다시 읽게 된 것처럼 보일
정도로 지금 우리는 읽어야 하고, 써야 하는 시대를
살아가고 있다. 그렇다면 겉으로 보여주는 전시용 독서가
아니라 진정으로 내실을 기하는, 단 한 권을 읽더라도
나의 남은 인생에 용기를 안겨주는 책을 만나는 이들이
많아지면 좋겠다. 홍대 앞 동네 서점 '땡스북스'를 만든
이기섭 대표는 젊은 날 교토를 여행하다가 자전거를 타고
동네 서점을 찾는 수많은 사람들을 보며 훗날 작은 서점을
만들고 싶다는 꿈을 꾸게 되었다고 한다. 시간을 재촉하며
진화하는 모바일 세상 속에서 우리에게 남은 진짜 현실의
삶은 작은 동네 서점 속에서 만들어지는 건지도 모른다.

epilogue

네가 보는 책들, 한 권 한 권이

모두 영혼을 가지고 있어.

그것을 쓴 사람의 영혼과

그것을 읽고 살면서 꿈꾸었던

이들의 영혼 말이야.

카를로스 루이스 사폰,
『바람의 그림자』중에서